NATURWUNDER DEUTSCHLAND

© Naturalis Verlag, München und Köln
Herausgeber: Kurt Blüchel
Buchgestaltung: Claus-J. Grube
Gesamtherstellung: westermann druck, Braunschweig
Printed in West Germany

Naturwunder Deutschland

Heinz Sielmann

Bei meinen „Expeditionen ins Tierreich" habe ich viele der schönsten Landschaften unserer Erde kennengelernt; aber es waren nicht allein die Naturwunder ferner Erdteile, die mich faszinierten. Auch in der so dicht besiedelten Bundesrepublik Deutschland gibt es Landschaften, die jeden Naturfreund begeistern. Denken wir nur an die Regionen der Alpen, an den Schwarzwald, an die Eichenwälder des Spessart, an das Wattenmeer, an verbliebene Auwälder und Moore. Aber die Idyllen mit einer reichen Tier- und Pflanzenwelt sind selten geworden, und die noch verbliebenen naturnahen Landschaften sind in Gefahr!

Wir haben zwar 1115 Naturschutzgebiete, aber ihre Gesamtfläche beträgt höchstens 1,7% unserer bundesdeutschen Land- und Wasserflächen. Die meisten von ihnen sind zu klein, um gegen Umwelteinflüsse stabil zu bleiben, und es fehlt an Geldmitteln und Personal, um wirksame Schutzmaßnahmen durchzuführen. Im Bundesgebiet gibt es an die 40 000 Naturdenkmale. Das sind Einzelobjekte, alte und seltene Bäume oder Baumgruppen, Findlinge, Schluchten und Wasserfälle. Viele von ihnen bieten gute Hilfe für den Schutz gefährdeter Tierarten, ich denke da vor allem an Reiherkolonien, Laichtümpel für Frösche und Kröten, Nistfelsen für Wanderfalke oder Uhu oder Schlafplätze für Fledermäuse.

„Landschaftsschutzgebiete" sind Landschaftsräume, die zur Sicherung ihres besonders schönen und eigenartigen Charakters, aber auch zur Erhaltung ihres Erholungswertes für die Menschen gegen Veränderungen und zerstörende Eingriffe geschützt werden. Ungefähr ein Viertel der Fläche der Bundesrepublik steht unter Landschaftsschutz, aber sie unterliegen anderen Voraussetzungen als Naturschutzgebiete; denn in Landschaftsschutzgebieten sind Ausnahmeregelungen möglich, von denen recht oft Gebrauch gemacht wird und die zu

wesentlichen Veränderungen eines bislang intakten Naturhaushalts durch Kanal- und Straßenbau, Rodung oder Besiedelung führen.

Unsere 57 zur Zeit vorhandenen „Naturparks", die etwa 16% der Fläche der Bundesrepublik ausmachen, sind großräumige Landschaften, die als Erholungslandschaften des Menschen eingerichtet wurden. Sie werden nach Kräften vor störenden Veränderungen bewahrt und mit den notwendigen Einrichtungen des Erholungsverkehrs – wie Parkplätzen, Wanderwegen, Badegelegenheiten und Campingplätzen – ausgestattet.

Im Bemühen, noch vorhandene und ausreichend große Landschaften mit ursprünglicher Schönheit und Artenvielfalt zu erhalten, haben sich die „Nationalparks" bewährt, falls sie nach den international festgelegten Statuten betreut werden können. Leider können diese Voraussetzungen in unserem so dicht bevölkerten Land nicht ausreichend erfüllt werden. Wir haben bislang zwei Nationalparks, den Nationalpark Bayerischer Wald und den Alpennationalpark bei Berchtesgaden am Königssee. Beide sind in verschiedene Zonen aufgeteilt, wobei auch an Wanderwege, Museum, Hotels und Campingplätze gedacht wurde. Der wichtigste Bereich ist die Schutzzone, die von jeder Einwirkung des Menschen zu bewahren ist. Leider sind die Schutzzonen zu klein und das Bundesnaturschutzgesetz bietet den Nationalparks noch keinen ausreichenden Schutz vor wirtschaftlicher Nutzung.

Das Europäische Naturschutzjahr, das 1970 vom Europarat in Straßburg proklamiert wurde, hatte zur Folge, daß das Wort Umweltschutz heute in aller Munde ist. Mittlerweile haben wir in allen Bundesländern auch ein Umweltministerium. Ihre Aktivitäten haben bereits Beachtliches für die Reinhaltung unserer Luft, für Wasserqualität und die Vermeidung von Lärm bewirkt. Demgegenüber wurde der ökologische Umweltschutz, die Bereitstellung von Mitteln für die Erhaltung naturnaher Landschaften, bislang geradezu stiefmütterlich behandelt. Als sicherste Möglichkeit, wertvolle Restbiotope mit seltener Tier- und Pflanzenwelt zu bewahren, erwies sich der Kauf dieser Landschaftsbereiche durch Naturschutzverbände, zum Beispiel durch den Bund Naturschutz in Bayern. Es wäre zu wünschen, daß diese wichtigen Bemühungen seitens der zuständigen Ministerien künftig durch Bereitstellung öffentlicher Mittel tatkräftig unterstützt werden. Naturschutz durch Geländekauf bringt den Vorteil, daß das Gebiet ohne Rücksichtnahme auf kommunalpolitische Belange von Naturschutzexperten optimal betreut werden kann.

Für einen wirksamen Schutz unserer als Naturschutzgebiete ausgewiesenen Landschaften halte ich den Einsatz

einer ausreichend großen Zahl von Naturschutzwarten für unerläßlich. Besonders deutlich erkennen wir das an heißen Sommertagen, wenn der Run auf unsere Binnengewässer einsetzt. Anstatt sich auf die Badeseen zu beschränken, schwärmen Touristen in Naturschutzgebiete, ohne sich gegenüber der Natur rücksichtsvoll zu verhalten. Wie oft geschieht es, daß Erholungsuchende beim Lagern und Baden ahnungslos die Ufervegetation mit seltenen und geschützten Pflanzen vernichten. Wie oft halten sich Touristen ahnungslos neben den Nestern seltener Vögel auf und stören sie beim Brüten oder Füttern der Jungen. Wie oft werden aber auch seltene Vögel durch Fotografen gefährdet, die ihr Tarnzelt gleich in unmittelbarer Nähe postieren, um in kurzer Zeit zu wirkungsvollen Großaufnahmen zu gelangen. Erfreulicherweise haben die Fachleute der Deutschen Gesellschaft für Tierfotografie bereits vor einigen Jahren beschlossen, von Aufnahmen existenzbedrohter Vogelarten während der Nistzeit Abstand zu nehmen.

Wie ich immer wieder erkenne, ist es leicht, seine Mitmenschen für die faszinierende Welt der Tiere zu begeistern. Schwierig ist es dagegen, Menschen, die in einer selbstgeschaffenen Zivilisationslandschaft aufwachsen, klarzumachen, daß der Mensch selbst ein Geschöpf der Natur ist und daß das zunehmende Schwinden von Tier- und Pflanzenarten, die eigenwillige Veränderung der Erdoberfläche ein untrügliches Zeichen dafür sind, daß auch die Lebensvoraussetzungen für den Menschen bedroht sind. Naturkundliches Wissen zu vermitteln, wird deshalb immer mehr zur Überlebenshilfe.

Der Bildband NATURWUNDER DEUTSCHLAND – ein Meisterwerk der Naturfotografie – ist besonders geeignet, diese wichtige Aufgabe zu unterstützen. Vor allem unsere Jugend gewinnt leicht den Eindruck, daß der Mensch in unserer technisierten Welt alles Lebensnotwendige selbst schaffen kann. In dem vorliegenden Buch, dessen Zustandekommen ich gerne durch Rat und Tat unterstützte, wird durch packendes Bildmaterial und treffende Informationen begreiflich gemacht, daß unsere in sehr langen Zeiträumen entstandenen Naturwunder, einmal zerstört, mit keinem Geld der Welt von uns Menschen neu geschaffen werden können.

Heinz Sielmann

Horst Stern

Es verbindet sich mit meinem Namen nicht gerade die Aussage, die man aus dem Titel dieses Buches herauslesen könnte: Deutschland – ein Wunder an Natur. Ich habe immer wieder darauf hingewiesen, daß sich nur wenige Prozent der Republikfläche noch als Natur, als unberührt vom wirtschaftenden Menschen, bezeichnen lassen: ein paar Hochgebirgslandschaften, einige letzte Moore, die eine oder die andere Dünenformation an der See. Alles andere ist unter den Begriff „Kulturlandschaft" zu rechnen, ist menschengeprägt und genutzt, oft intensiv mit Maschine und Chemie.

Und nun ein Buch NATURWUNDER DEUTSCHLAND.

Man muß die Botschaft bedenken, die mit dem Schlagwort „Natur" an den Mann gebracht werden soll. Wer, wie unlängst die Bundesregierung in einer aufwendigen Anzeigenkampagne, der deutschen Landschaft insgesamt das Etikett „Natur" aufklebt, um einer wachsenden Opposition gegen Landschaftsverbrauch und Naturvermarktung beschwichtigend zu suggerieren, es sei doch noch eine ungeheure Fülle von Natur vorhanden, da komme es doch auf ein paar Autobahnen, ein paar Kanäle, ein paar Flugplätze mehr oder weniger nicht an, der betreibt Etikettenschwindel. Wer indes, wie dieses Buch, das Etikett benutzt, um Staunen zu wecken vor den Naturwundern, die wir noch immer beherbergen, Besorgnis auch um ihr Schicksal, Widerstand gar gegen ihre Vernichtung, der benutzt es legitim.

Für mich geht von diesem ungewöhnlich schönen Buch eine große Trauer aus. Ich kenne die meisten Landschaften, die es beschreibt; ich bin vertraut mit dem Schicksal der gezeigten Tiere und Pflanzen. Und so summiert sich in mir beim Lesen und Schauen nicht so sehr, was wir noch haben, als vielmehr, was wir verloren haben. Ich wüßte zu jeder Landschaft technische Projekte zu nennen, die sie weiter zerstören werden, könnte zu fast jeder Pflanze, fast jedem Tier Bestandszahlen zitieren, die deutlich machen würden, daß oft genug das zur Vermehrung nötige Populationsminimum erreicht oder gar unterschritten ist.

Die Flußlandschaften des Altmühltals, die tierreichen Altwässer des Oberrheins und der bayerischen Donau, die Rebgärten des Kaiserstuhls, die Wälder der Ballungsgebiete, die Orchideenwiesen des Allgäus, die Moore Niedersachsens und Oberschwabens, die Filze des Chiemgaus – das alles und vieles mehr ist immer neuen Begehrlichkeiten der Straßen- und Kanalbauer, der Landwirtschaft und der industriellen Torfstecher ausgesetzt. Die Flurbereinigung schreitet bundesweit fort, weniger brutal zwar als früher und hier und da auf den Schutz der Restnatur bedacht, aber immer noch mit den naturfremden geraden Linien der Traktorlandschaft auf ihren Reißbrettern. „Sovöl Böm sünd weg", sagen die Menschen im flurbereinigten Emsland, „nu könnt we den Besök, der morgen kömmt, van dage all sehn": So viele Bäume sind weg, daß wir den Besuch, der morgen erst ankommt, schon heute sehen können …

Es ist dahin gekommen, daß Millionen Menschen zu einem Buch wie diesem greifen müssen, um eine Vorstellung davon zu erhalten, wie ein Gänsesäger aussieht – ein Wasservogel, dessen Namen sogar sie vergessen haben, wenn sie ihn je kannten. Ein Eisvogel, eine Wasseramsel, ein Blaukehlchen – fast alle unsere Kinder werden groß, ohne sie je gesehen zu haben. Wer von den Erwachsenen kann sich noch einer, wie immer flüchtigen Begegnung mit dem Wanderfalken, mit dem Uhu rühmen? Wer sah je einen Biber, einen Fischotter, eine Flußperlmuschel? Alle diese Tiere waren bei uns, wenn schon nicht häufig, so doch auch nicht selten. Heute werden ihre Standorte, ihre letzten Lebensräume unter Kennern gehandelt wie Edelsteine in einem orientalischen Basar.

Das bringt mich zu einer anderen Frage, die dies Buch aufwirft: Soll man überhaupt noch öffentlich davon reden, wo die Standorte und Reviere der gefährdeten Pflanzen und Tiere zu finden sind? Soll man Neugier und Reiselust vieler Menschen wecken auf die paar Landschaften, die noch halbwegs naturnah sind, still und darum ein Refugium für bedrohtes Leben? Arbeitet man damit nicht ihrer Zerstörung in die Hand? Solche Gedanken rühren an die Gretchenfrage jeglichen Naturschutzes: Betreibt man ihn für den Menschen oder gegen ihn?

Ich verhehle nicht, mit wachsender Skepsis dem Bekenntnis fast aller Naturschutzpolitiker gegenüberzustehen, sie schützten die Natur für die Menschen. Allzu oft erwies sich ihr Naturverständnis als Wahltaktik, und unter dem Schutz der Natur verstanden sie meist nur deren „Erschließung", sprich: ihre Vermarktung für den finanziell und politisch ausbeutbaren Fremdenverkehr. Das Schutzinstrument Naturpark, ja selbst das des Nationalparks liefert viele Beispiele dafür.

Die Aussperrung des Menschen aus letzten Naturräumen käme auf der anderen Seite seiner zweiten Vertreibung aus dem Paradies gleich. Sie ist darum nicht ohne Probleme. Sie müßte ihn der Natur noch mehr entfremden, ihn noch mehr als ein Wesen außerhalb ihrer Gesetzmäßigkeiten erscheinen lassen, und gerade daran ist er so krank geworden. Außerdem: So wie es richtig ist, daß man im Bereich der Natur nur sieht, was man weiß, so ist auch richtig, daß man nur schützt, was man in Zuneigung kennt. Verkommen die Pflanzen und die Tiere aber zu Objekten, an die schon die Annäherung mit Strafe bedroht ist, dann werden sie uns noch gleichgültiger werden als bisher, ja, wir könnten sie auch noch hassen lernen, weil sie uns die Rückgewinnung des uns verlorengegangenen Harmoniegefühls verweigern, ein wenigstens kurzzeitiges Einssein mit der Natur.

In der modernen Psychotherapie spricht man seit einiger Zeit von „Terrainkuren"; man meint damit die heilende Wirkung, die von einer bewegten, vielfältigen naturnahen Landschaft auf den zivilisationskranken Menschen ausgehen kann. Patienten, die in solchen Landschaften wieder zu sich selbst fanden, kehrten immer wieder in sie zurück. Von da bis zu dem Willen, dem Naturschutz zu helfen, einen solchen Gesundbrunnen gegen Zerstörung zu schützen, ist nur ein kleiner Schritt. Dies Buch blättert eine ganze Reihe derartiger Landschaften auf. Es macht nicht nur ihre Schönheiten, es macht auch ihre Gefährdungen deutlich. Die oft atemberaubende Schönheit seiner Bilder ist in dieser Fülle ein einziger Aufruf zur Ehrfurcht vor der Vielfalt eines Jahrmillionen alten Lebens.

Es kommt nicht so sehr auf den Faktenreichtum, nicht auf dieses oder jenes im Text mitgeteilte Kuriosum aus der Verhaltenswelt an, so wissenswert das alles sein mag. Nicht daran will dieses Buch gemessen werden. Entscheidend ist allein seine optisch überwältigende Botschaft: Dies alles haben wir noch, wenn auch nur mehr punktuell und längst nicht mehr flächendeckend. Bewahren wir es für uns und kommende Generationen!

vunder
chland

Kurt Blüchel
in Zusammenarbeit mit
Heinz Sielmann und Horst Stern

Kapitel 1-9

Kapitel 10-18

Das krautige Salzhornkraut – auch Queller genannt – leitet die Verlandung der Schlick- und Wattböden ein

Zwischen
Düne und Watt

Friesland

Unzählige Rinnsale durchfurchen den feuchten Sand. Das Wasser hat sie gegraben, das bei Ebbe ins Meer zurückwich. Meerkohl, Queller, Salzkraut und Salzmiere gedeihen hier um die Wette. Zusammengefallene Quallen, die das Meer zurückließ, zartrosa Seesterne, riesige Mengen der kleinen Wattschneckenhäuser und massenhaft die Schalen der Pfeffer- und Klaftmuschel bedecken den Boden. Dazwischen liegen überall die Mumien von Strandkrabben und Strandigeln verstreut. Landeinwärts ist die Sandfläche mit zahlreichen Schlickhäufchen bedeckt – Überbleibsel vom 20 Zentimeter langen Köderwurm oder Sandpier. Hier, an Deutschlands Nordseeküste, ist das Reich der Möwen und Seeschwalben, der Strandläufer und Regenpfeifer, der Uferschnepfen und Austernfischer.

9

Paradies für Wasservögel

In keiner Landschaft der Bundesrepublik gibt es noch einen solchen Artenreichtum von Lebewesen wie im Watt der Nordsee, das sich auf einer Länge von rund 450 Kilometern und einer durchschnittlichen Breite von 7–10 Kilometern vor der Küste Niedersachsens und Schleswig-Holsteins erstreckt. Dieser etwa 3500 Quadratkilometer umfassende Küstenstreifen ist der Lebensraum für Pflanzen und Tiere, deren Menge – in Zahlen ausgedrückt – kaum vorstellbar erscheint. Bis zu 40.000 Schlickkrebse zählt man im Watt auf einem einzigen Quadratmeter. In ungeheuren Mengen treten auch die Wattschnecke, die Strandschnecke und der Wattringelwurm auf. Und in einem Fingerhut voll Watt befinden sich bis zu einer Million einzellige Algen; abgesehen von dem Heer der Muscheln und Quallen, Seesterne und Polypen, Seeigel und Insekten. Entsprechend groß ist die Anzahl der Vögel und Fische, die hier den Nahrungsüberschuß abschöpfen, ohne das System je zu erschöpfen – solange der Mensch die Finger von ihm läßt. 80 Prozent der Schollen, 70 Prozent der Seezungen und 40 Prozent der Heringe der Nordsee haben hier ihre Kinderstube und wachsen im ersten und zum Teil auch in ihrem zweiten Lebensjahr im Watt heran.

Die Anwurfzone mit ihrer Unzahl von toten und lebenden Organismen ist eine unerschöpfliche Vorratskammer für viele Seevögel, soweit sie nicht aus den Wellen draußen ihre Beute holen. Wir alle kennen von unseren Reisen an die See die zahlreichen Möwen, Seeschwalben und Strandläufer, die überall Küste und Strand mit ihrer Schönheit, ihren Flugkünsten und mit ihren lauten, hellen oder rauhen, wilden Schreien beleben. Zu welcher Jahreszeit auch immer man die Nordseeküste besucht, sie erweist sich mit ihren zum Teil immensen Tieransammlungen als einer der letzten großen Lebensräume, in denen das Gleichgewicht der Natur noch vorhanden zu sein scheint. Zwar haben Ölpest, Fremdenverkehr und giftige Abwässer manche Lücke gerissen und Störungen verursacht,

Junge Flußseeschwalben werden mit kleinen Krebsen gefüttert

doch war die Natur bislang stets widerstandsfähig genug, für ständigen Ausgleich und Erneuerung zu sorgen.

Die Beschaffenheit des Wattenmeeres als Drehscheibe weltweiter Vogelzugstraßen ist so außergewöhnlich, daß schon seit geraumer Zeit Bestrebungen im Gange sind, zumindest das nordfriesische Wattenmeer zwischen der Halbinsel Eiderstedt und der dänischen Grenze zum dritten deutschen Nationalpark zu erklären. Wissen-

Beeren mit hohem Vitamin-C-Gehalt: Sanddorn

Brandseeschwalben in den Dünen

Mehr als die Hälfte aller Vögel lebt vom Nahrungsangebot des Wattenmeeres. Hierzu zählen auch die mit den Möwen verwandten Seeschwalben, wohl die elegantesten Flieger in der Welt der Gefiederten. Schmale, lange Flügel und ein meist tief eingeschnittener Schwanz (daher der Name „Seeschwalbe") sind ihr äußeres Erkennungszeichen. Einen besonders tief gegabelten Stoß besitzen die silbergrauen, schwarzköpfigen Brandseeschwalben, die in einer volkreichen Kolonie auf mehreren Nord- und Ostfriesischen Inseln brüten. Sie lieben flache, sandige Meeresküsten, Sandbänke und Dünenstreifen. Als typische Salzwasservögel dringen sie nur selten tiefer ins Binnenland vor; am liebsten suchen sie Küsten mit starker Brandung auf, wo sie nach silberglänzenden Fischchen tauchen.

Schwer zu unterscheiden von den Küstenseeschwalben sind die Flußseeschwalben, die – wie der Name sagt – auch an Flüssen und Seen im Binnenland vorkommen. Beide, die Küstenseeschwalben wie die Flußseeschwalben, tragen schwarze Federkäppchen; lediglich beim Schnabel gibt es Unterschiede: bei der Küstenseeschwalbe ist er karminrot, während die Flußseeschwalbe eine dunkle Schnabelspitze hat.

Brütende Lachseeschwalbe

schaftler aus allen Teilen der Erde bezeichnen das Tier- und Pflanzenleben im Bereich des Wattenmeeres als einmalig auf der Welt, und von Jahr zu Jahr wird die Zahl international bekannter Biologen, Meeresforscher, Zoologen, Geologen und Botaniker größer, die auf den Inseln Amrum, Föhr, Nordstrand, Pellworm, Sylt und zahlreichen Halligen den Naturhaushalt studieren, um dadurch unsere eigenen Lebensbedingungen besser durchschauen und verstehen zu können.

Seltener als die drei zuletzt genannten Seeschwalbenarten sind Raub- und Trauerseeschwalben. Die zierlichste von allen ist die Zwergseeschwalbe – kaum größer als ein Mauersegler. Man erkennt sie an einer schneeweißen Stirn, einem gelblich-rot gefärbten Schnabel mit schwarzer Spitze, gelben Füßen und einer tiefschwarzen Kopfplatte. Trotz ihrer geringen Größe macht sich die Zwergsee-

Hochbetrieb in der Brandseeschwalben-Kolonie ▷

11

Im Winter färbt sich bei Lachmöwen die braune Kopfkappe weiß

schwalbe durch ihre harte, „knärrende" Stimme weithin bemerkbar.

Bei den meisten Seeschwalben sind Männchen und Weibchen einander so ähnlich, daß es eines besonderen Zeichens bedarf, um eine Unterscheidung möglich zu machen. Die männliche Seeschwalbe macht sich vor allem dadurch bemerkbar, daß sie dem Weibchen einen kleinen Fisch überreicht. Die Zeremonie wird anschließend fortgesetzt, indem die beiden Vögel über die Kolonie fliegen, wobei

sie das symbolische Geschenk ein paarmal austauschen. Die Entscheidung fällt, wenn das männliche Tier sich in seinem Revier niedergelassen hat und den Fisch noch einmal überreicht. Wenn er ordnungsgemäß angenommen wird und der andere Vogel sich seinem Schnabelpicken unterwirft, besteht kein Zweifel mehr, daß es sich bei diesem anderen Tier um ein Weibchen handelt. Ein Männchen würde sich derartigen Einschüchterungsversuchen nicht beugen. Behauptet es in einem solchen Fall das

Feld, entbrennt gewöhnlich ein heftiger, mit den Schnäbeln ausgefochtener Kampf.

Wie aber erkennen die Vögel, die häufig in großen Kolonien brüten, ihre eigenen Eier? In einer Seeschwalben-Kolonie variiert das Muster der Eier von winzigen Sprenkeln bis zu großen Flecken. Da die Tiere oft nur einen Schnabelstoß voneinander entfernt nisten, sollte man meinen, daß die Unterscheidung der Eier für Seeschwalben wichtig sei. Versuche

Die mauerseglergroße Zwergseeschwalbe brütet häufig auch im Binnenland

Gelege der Zwergseeschwalbe

haben jedoch gezeigt, daß selbst in solch beengten Verhältnissen der Brutplatz die eigentliche Anziehung auf die Tiere ausübt. Eine Seeschwalbe bebrütet sogar eine Glühbirne, wenn diese sich nur im richtigen Nest befindet. Wenn ihr eigenes Ei – oder auch irgendein Ei – einige Zentimeter vom leeren Nest entfernt hingelegt wird, holt sie es zurück, indem sie es in das gescharrte Loch zurückrollt; wenn die Entfernung jedoch größer ist, schenkt sie demselben Ei keine Beachtung.

Andere in Kolonien nistende Vögel reagieren in ungefähr der gleichen Art. Die Silbermöwe beispielsweise bebrütet buntbemalte Holzeier, und Nachtreiher nehmen sogar Holzklötze mit unbequemen Ecken in Kauf – selbst dann, wenn sie ihre eigenen Eier knapp einen Meter entfernt liegen sehen.

Ein besonders frappierendes Experiment gelang dem Nobelpreisträger Professor Niko Tinbergen, als er untersuchte, welche Reiz-Signale die Bettel-

Ohne den Einsatz freiwilliger Helfer wäre dieses Flußseeschwalben-Familienidyll kaum noch möglich

Ohne Brautgeschenk...

...und einen kleinen...

...liebevollen Flirt...

Gelege der Flußseeschwalbe

reaktion bei jungen Silbermöwen auslöst, also das Hochrecken der kleinen Köpfe und das Aufreißen der Schnäbelchen, wenn die Eltern mit Futter zum Nest kommen. Ist es persönliches Erkennen der Eltern oder der Anblick des Futters?

Zutreffend ist weder das eine noch das andere. Der niederländische Verhaltensforscher stellte nämlich fest, daß die Jungmöwen lediglich auf folgende Reize ansprechen: Auf den roten Fleck am Unterschnabel der Möweneltern, den Kontrast dieses roten Flekkes gegen etwas Helles, die Steilstellung des Schnabels beim Vorwürgen, die Ab-Auf-Bewegung und schließlich das Schmalwerden des Schnabels beim Herunterbeugen zum Füttern.

Imitiert man nun jedes einzelne dieser Kennzeichen für sich gesondert mit einer Attrappe, so reagieren die jungen Silbermöwen auf jeden dieser fünf Teilreize, allerdings entsprechend abgeschwächt. Summiert man alle Teilreize in einer einzigen Attrappe, kann man damit genauso eine lebhafte Bettelaktion hervorrufen, als kämen die richtigen Eltern zum Nest.

Vitus B. Dröscher, der die Ergebnisse dieser Forschungsarbeiten in seinem Buch „Klug wie die Schlangen" zusammenfaßte, beschreibt den Fortgang dieses aufschlußreichen Experiments folgendermaßen: „Nun ging der Wissenschaftler aber noch einen Schritt weiter. Er übertrieb den roten Punkt in Größe und Farbkraft, steigerte den Farbkontrast, die Steilstellung, die Schmalheit und den Bewegungsrhythmus in unnatürlichem Ausmaß. Die Folge davon waren übernormale Reaktionsgebärden der Kleinen. Sie reckten die Hälse, sperrten

...gibt es auch bei Flußseeschwalben...

...keine Hochzeit

Küstenseeschwalbe mit Nachwuchs ▷

Der taubengroße Austernfischer ist einer unserer bekanntesten Küstenvögel

die Schnäbel auf und piepten wie noch nie zuvor.

Wenn Niko Tinbergen im gleichen Augenblick, in dem die gezähmte und zutraulich gewordene Muttermöwe zum Nest kam, um ihre Jungen zu füttern, jene Attrappe ans Nest hielt, so wurde dieses erbärmliche, futterlose Pappgestell, das nicht die geringste Ähnlichkeit mit einem Vogel hatte, dem Schnabel der Mutter bei weitem vorgezogen! Umgekehrt richten sich auch die Vogeleltern nach dem stärk-

sten, den Füttertrieb auslösenden Reiz. Das Junge, das den Schnabel am weitesten aufreißt und die leuchtendste Farbe in seinem Rachen zur Schau stellt, bekommt den Brocken. Dr. Otto von Frisch, der Sohn des bekannten Altmeisters der Bienenforschung, mußte es sich sogar einmal gefallen lassen, daß ihm eine zahme Dohle in einer plötzlichen Anwandlung von Muttertrieb dicke Mehlwürmer in beide Ohren stopfte. Dieses trichterförmig gebildete Etwas hatte sie für einen nach Futter bettelnden

Gelege des Austernfischers

An den deutschen Küsten der Nord- und Ostsee brüten ca. 12.000 Austernfischer-Paare

Lebenslange Gattentreue ist die Regel

Schnabel gehalten." Merkwürdig? Einem taubengroßen, schwarz-weiß-rot gefärbten Austernfischer nahm Professor Tinbergen das Nest mit den Eiern weg und ersetzte es durch zwei Kunstnester. In das eine legte der Wissenschaftler die 5 cm langen, hellblauen Eier des Austernfischers, das andere beschickte er abwechselnd mit verschiedenen Kunsteiern. Besonders fasziniert schien der Vogel von einer Ei-Attrappe, die grellblau angemalt war, große schwarze Flecken hatte und von der Größe her einem fast kindskopfgroßen Straußenei ähnelte. Unentwegt versuchte der Austernfischer, das Monstrum zu bebrüten, obgleich er jedesmal links oder rechts herunterrutschte.

Diese verzweifelten Versuche waren um so erstaunlicher, als unmittelbar vor den Augen des Vogels seine echten Eier lagen. Das grellgefärbte Riesenei nahm seine gesamte Aufmerksamkeit in Anspruch.

Der Austernfischer gehört zu den wenigen Wasservögeln, die erst mit drei, manchmal sogar erst mit fünf Jahren zum erstenmal brüten. Dafür ist lebenslange Gattentreue die Regel. Immerhin währte die längste beobachtete Ehe zwanzig Jahre. Heute brüten etwa 6000 bis 7000 Austernfischer an der deutschen Nordseeküste. Sie gehören zu den wenigen Vogelarten, die durch Veränderungen ihres Lebensraumes, wie die Ent-

Versammlung der Austernfischer ▷

Nistet in Erdhöhlen und wohnt manchmal mit Kaninchen im selben Bau: die Brandente

wässerung der Wiesen, eher Vorteile als Nachteile haben.

Soll das Watt als große Naturlandschaft aber möglichst vielen Vogelarten erhalten bleiben, dann müssen alle menschlichen Nutzungsansprüche an diesem Raum sehr sorgfältig geprüft werden. Wenn auch nur ein Teil der bereits geplanten Industrieobjekte Wirklichkeit werden, ist es um das Watt als Ökosystem geschehen. Dann sind Tier- und Pflanzenarten in ihrem Bestand ernsthaft bedroht und für die Nordsee besteht die akute Gefahr, ein totes Meer zu werden.

Allein durch die Eindeichungspläne der Landesregierung von Schleswig-Holstein, wodurch auf Kosten wertvollster Abschnitte der zum Europareservat erklärten Naturschutzgebiete „Vogelfreistätte Wattenmeer östlich Sylt", „Nordfriesisches Wattenmeer" und „Hamburger Hallig" 6000 Hektar Land ihren natürlichen Kreisläufen entzogen würden, kämen riesige Vogelschwärme in eine lebensbedrohende Situation.

Zusätzliche Probleme entstehen durch die von Jahr zu Jahr zunehmende Besucherzahl, eine Folgeerscheinung einer ständig weiter ausgedehnten Urlaubssaison.

Ähnlich ergeht es den knapp 2500 Seehunden an der niedersächsischen und schleswig-holsteinischen Nordseeküste. Durch die Eroberung auch der abgelegensten Strände und Sandbänke durch sonnenhungrige Badegäste, nicht zuletzt aber durch die permanente Ölpest an den einst paradiesischen Gestaden der Nordsee, leiden die Tiere ständig unter Streßsituationen sowie an verdreckter und vergifteter Nahrung. Ganz davon abgesehen, daß kaum noch Raum bleibt für die

Brandenten gehören zu den hübschesten Küstenvögeln

Keine Laune der Natur, sondern ein zweckmäßiges Werkzeug: mit seinem Schnabel kämmt der Säbelschnäbler das Nahrungsangebot durch

Der lerchengroße Sandregenpfeifer liebt sandige Küstenstreifen

Der dem Sandregenpfeifer sehr ähnliche Seeregenpfeifer bebrütet sein Gelege nahe der Hochwasserlinie

Der 14 Zentimeter messende Temminckstrandläufer zählt zu den zierlichsten Vertretern aller Schnepfenvögel

Der singdrosselgroße Steinwälzer ist der Wächter und Warner aller Küstenvögel

Temminckstrandläufer am Nest

Sonderling unter den Schnepfenvögeln: der Triel

Gelege des Steinwälzers

Aufzucht des sensiblen Nachwuchses, der sogenannten Heuler.

Eine eindrucksvolle Liste der durch die geplante Landgewinnungsmaßnahmen gefährdeten Vogelrast- und Futterplätze kann man in dem Buch „Rettet die Vögel… wir brauchen sie" veröffentlicht finden:

„15.000 Kurzschnabelgänse aus Spitzbergen, die schon mehrfach durch menschliche Eingriffe von ihren Frühjahrsrastplätzen vertrieben wurden, zuletzt bei Föhr durch landwirtschaftliche Maßnahmen. Verlieren sie mit

Amselgroß und steifbeinig: der Rotschenkel

dem Rodenäs-Vorland auch ihren letzten bedeutenden Rastplatz noch, dann werden sie nicht mehr in der Lage sein, sich die Fettdepots anzufuttern, die sie für den langen, nahezu pausenlosen Zug in ihr Brutgebiet auf Spitzbergen benötigen.

13.000 Tiere der sibirischen Ringelganspopulation (das sind 15 Prozent des Weltbestands) verlieren ebenfalls durch die geplanten Landgewinnungsmaßnahmen ihre unersetzlichen Frühjahrsplätze. Sie können ohne das Watt und die Salzwiesen

Flügelspannweite der Heringsmöwen: 140 cm

überhaupt nicht mehr leben. 25.000 Weißwangengänse würden mit der Hamburger Hallig und dem Rodenäs-Vorland ihrer letzten entscheidenden Äsungsgebiete in der östlichen Nordsee verlustig gehen. (Im Zusammenhang mit diesen Vorhaben taucht in den Planbeschreibungen der Satz auf, daß man hier Baumanpflanzungen vorgesehen habe, ‚damit die Gänse aus ackerbaulich nutzbaren Bereichen ferngehalten werden‘. Er zeigt verräterisch, worum es geht: nicht so sehr um Sicherheit vor Sturmfluten, sondern um mehr Landwirtschaft.)

30.000 Brandgänse, 20 Prozent des nordwesteuropäischen Gesamtbestandes, ernähren sich fast ausschließlich von den Mollusken des zur Eindeichung vorgesehenen Schlickwattsokkels.

80.000 Limikolen, das sind Strandläufer, Austernfischer, Brachvögel und Pfuhlschnepfen, werden ihrer Rastplätze und Nahrungsquellen beraubt, auf die diese Arten während der physiologisch so kritischen Zeit des Gefiederwechsels und während der Wintermonate angewiesen sind.”

Noch ist das Nordsee-Watt in der Lage, alle Funktionen eines seit Urzeiten bestehenden Natursystems zu erfüllen, doch unaufhaltsam drängt die Industrie zur Küste. Selbst Kernkraftwerke sind hier zwischen Düne und Watt vorgesehen.

Es geht nicht darum, Fortschritt zu verhindern. Aber es sollte in unser aller Interesse wenigstens das Menschenmögliche getan werden, die letzten intakten Naturräume – ohnehin nur mehr Inseln in einem Ozean von Zivilisation – vor dem Zusammenbruch zu bewahren. Und, wie gesagt, das geht uns alle an.

Auf feenweißen Schwingen: die Küstenseeschwalbe

Laubwalddschungel – eines von vielen Naturwundern im Altmühltal

Steppengras und Sommervögel

Naturpark Altmühltal

Kaum ein Naturpark bietet so viel abwechslungsreiche und attraktive Landschaft, so viel bedeutende erd- und auch kulturgeschichtliche Zeugnisse der Vergangenheit wie der 2900 Quadratkilometer große Naturpark Altmühltal, der größte und – durch den geplanten Bau des Rhein-Main-Donau-Kanals – gleichzeitig gefährdetste der Bundesrepublik: Noch gibt es ausgedehnte Steppenheiden, elfenbeinweiß leuchtende Jurafelsen, die wie Sahneflocken aus grünen Wäldern schimmern, und Schmetterlinge, die in ihrer Farbenpracht lebenden Juwelen gleichen. Noch gibt es Federgras und Seidelbast, Küchenschelle und Thymian, Schneeheide und Mauerpfeffer, Brombeerzipfelfalter und Bläulinge, Kaisermäntel und Schwalbenschwänze. Wie lange noch?

Schmetter-
linge weinen
nicht

Orchideenreiche Buchen-
wälder, bizarre Weißjura-
felsen, wacholderbestan-
dene Steppenheiden und
ein ungewöhnlicher Reichtum an
Schmetterlingen – die idyllischen
Attraktionen des größten Naturparks
der Bundesrepublik sind in Gefahr,
dem technischen Fortschritt weichen
zu müssen. Wovon bereits Karl der
Große träumte, nämlich Nordsee und
Schwarzes Meer über Rhein, Main
und Donau zu verbinden, und was
Bayerns König Ludwig I. erstmals mit
einer besseren Spielzeugwasserstraße
(Ludwig-Donau-Main-Kanal) in Angriff nahm – jetzt soll es in modernen
Dimensionen vollendet werden: Ein
55 Meter breiter, schnurgerader und
asphaltierter Kanal quer durch das
Altmühltal.

Eindringliche Warnungen der bayerischen Naturschutzverbände und
das eindeutig ablehnende Gutachten
des Bayerischen Obersten Rechnungs-
hofes, „ein wirtschaftliches Bedürfnis
für den Weiterbau der Schiffahrts-
straße über Nürnberg hinaus ist nicht
feststellbar", scheinen in ihrer Wirkung bedeutungslos gewesen zu sein.
Denn inzwischen sind Bulldozer und
Bagger dabei, das Naturwunder Altmühltal in ein technisches „Wunder"
zu verwandeln. Was Ingenieure auch
immer im Altmühltal zustandebrin-
gen, lebenswichtig ist ihre Arbeit für
uns alle nicht. Lebenswichtig für zahl-
lose Pflanzen sind jedoch die Schmetterlinge. Sie sorgen – wie etwa Bienen
und Hummeln – für die Befruchtung

Hinterflügelunterseite des Apollofalters

Eine Zierde der Natur: Apollofalter

Menschen gibt es seit höchstens einer Million Jahre, Schmetterlinge – hier ein Bläuling – seit 63 Millionen Jahren

der Blüten. Ohne Schmetterlinge gäbe es noch nicht einmal Zigaretten: Nur der langrüsselige Tabakschwärmer kann die Tabakblüten bestäuben. „Von euch habe ich mehr gelernt als aus den Büchern." Mit diesen Worten begann Buddhas letzte Rede vor seinem Tode. Er richtete sie an die Schmetterlinge. Auch andere waren tief beeindruckt von den „Sommervögeln". Nach dem Zweiten Weltkrieg

plante Sir Winston Churchill einen „Schmetterlingsgarten", in dem Schmetterlinge und die Futterpflanzen ihrer Raupen so ausreichend vorhanden sein sollten, daß sie zur Selbsterhaltung fähig wären. Goethe nannte sie „wahrhafte Ausgeburten des Lichtes und der Luft", Shakespeare schwärmte von ihrer Schönheit, und die Maler und Dichter des alten China waren bezaubert von Farben und Formen der „fliegenden Edelsteine". Selbst der Bankier-Baron Rothschild war den „bunten Gauk-

◁ Brombeerzipfelfalter auf Schneeheide
◁◁ Werbeplakat für Insekten: Klatschmohn

Die Eitürme des Landkärtchens

Auf blühenden Sommerwiesen: Aurorafalter

Hinterleib einer Schmetterlingsraupe

lern" so zugetan, daß er Museen und Privatsammlungen bestahl, um diese Kunstwerke der Natur in seinen Besitz zu bekommen.

Ob Wirtschaftskapitän oder Staatsmann, Dichter oder Religionsstifter – sie alle hatten erkannt, daß der Mensch durchaus nicht das Maß aller Dinge ist, daß gerade das Studium der Schmetterlinge einen Blick in die Wunderwerkstatt der Natur gewährt. Vieles, was Ingenieure für utopisch halten, hat die Natur in ihrem drei Mil-

liarden alten Experimentierlabor in Sinnesorganen und Nervenschaltungen schon verwirklicht. Wenn es gelingt, die uns derzeit noch unbegreiflich erscheinenden Spitzenleistungen von Schmetterlingen (aus 0,5 Gramm Körpergewicht entwickelt z. B. der „Monarch" soviel Kraft und Energie, daß das Tier ohne Schwierigkeiten seinen rund 3000 km langen Wanderzug von Kanada nach Mexiko und zurück absolvieren kann; das Männchen des Seidenspinners „riecht" ein Weibchen noch in einer Entfernung

Aus östlichen Steppen: Federgras

Heuschrecke – im Sprung fotografiert

Eleganz in der Graswildnis: Grashüpfer

Die an Getreide erinnernden Ähren des Kammgrases

von 11 km, obwohl das Schmetterlingsweibchen nur knapp ein zehntausendstel Milligramm eines speziellen Sexuallockstoffes zu „verspritzen" hat) zu verstehen und in künstlichen Systemen nachzuahmen, werden sich viele unserer heutigen Probleme auf einfachste Art lösen lassen. Voraussetzung ist allerdings, daß die natürlichen Systeme als „technische" Vorbilder und Lehrmeister erhalten bleiben. Nur ein grundsätzliches Umdenken der Öffentlichkeit kann dem Frevel in der Natur Einhalt gebieten. Wenn wir weiterhin leichtfertig Raubbau an unserer natürlichen Umwelt betreiben und mit hochgiftigen Chemikalien gegen sogenannte „Unkräuter" vorgehen, werden auch unsere Schmetterlinge aussterben. „Unkraut" ist Nahrung für viele Schmetterlingsraupen, die meist auf ganz bestimmte „Unkräuter" spezialisiert sind, z. B. der Distelfalter auf Distelarten, der „Kleine Fuchs" auf Brennesseln. Selbst Gräser sind im Naturhaushalt zweckgebunden. Und schön sind sie, bei näherer Betrachtung, obendrein.

Blühendes Zittergras

Ein Eldorado für die Heerscharen der Spechte, Meisen und Finken

Kapitel 3

Wo Trommler den Ton angeben

Der Spessart

Als Spechteshart hatte das große Main-viereck in früheren Zeiten einen Namen mit leicht schaurigem Unterton. Bereits im Mittelalter wurde die geheimnisvolle Schönheit des Spessarts – Märchenland der Gebrüder Grimm – von Wolfram von Eschenbach besungen. Besonders bekannt wurde diese Landschaft durch Wilhelm Hauffs romantische Räuber-geschichte „Das Wirtshaus im Spessart". Der Vogel, der dem Spessart einst den Namen gab, der Specht, ist auch heute noch sehr zahlreich vertreten. Seine Anwesenheit verrät er meist durch ein bald schreiendes, bald kicherndes, bald wieherndes Gelächter sowie durch eine Reihe rasselnder, hämmernder und trom-melnder Geräusche: Wie Feuerstöße aus einer Maschinenpistole prasseln die Schnabelhiebe gegen die Baumrinde.

Zimmerleute im Märchenwald

Monotone Fichtenforste ohne Abwechslung, schnurgerader Waldrand mit nur geringer Randzonen-Wirkung, das Entfernen jeglicher natürlicher „Unordnung" aus den Zündholz-Kulturen einschließlich alter, höhlenreicher Bäume zerstören vielen Vogelarten ihre Wohn-, Brut- und Ernährungsgrundlagen. In der Folge vermehren sich nur einige wenige Arten, andere wiederum können nur durch ein ausreichendes Angebot an Nistkästen künstlich vermehrt werden. Gelehrt und propagiert wird allenthalben der naturnahe Waldbau, praktiziert wird häufig noch immer die maschinengerechte Forstwirtschaft.

Daß es auch anders geht, beweisen die herrlichen Mischwälder im Spessart. Hier ist der Wald vielerorts noch in Ordnung, und die Vögel geben den Ton an. Amseln, Drosseln und Finken nehmen im Frühjahr ihr Revier in Besitz und lassen sogleich Balz- und Flötenrufe hören. Der Kleiber läßt seinen weichen, werbenden Frühjahrsruf erklingen, ebenso wie auch der Kuckuck, der nur von Ende April bis Mitte Juni zu hören ist. Auch eine bestimmte gesetzmäßige Tagesrhythmik läßt sich bei Vogelstimmen feststellen. Frühsänger, die als erste den Schlaf aus dem Gefieder schütteln, sind im allgemeinen Insektenfresser; erst später beteiligen sich die Körnerfresser. Eine „innere Uhr" reguliert das tägliche Singprogramm des Vogels. Die Kohlmeise zum Beispiel

Rauflustig und wachsam: die Blaumeise

Ein unermüdlicher Insektenvertilger: die Kohlmeise

beginnt im Mai mit dem ersten Morgengesang um drei Uhr, der Buchfink singt zwischen zwei und vier Uhr am intensivsten; um diese Zeit hört am Waldrand der Ziegenmelker mit seinem nächtlichen Schnurrgesang wieder auf. Für den Vogel sind Balz- und Brutrevier individuelle Bereiche, gleichsam sein ganz persönliches „Eigentum", in dem er allein Futter suchen, nisten und sich paaren darf und das er darum mit seinem Gesang akustisch abgrenzt. Kein Artgenosse kann ungestraft diese „Schallgrenze" überschreiten. Die Meisen des Waldes verkünden mit Zirpen ihren Besitzbereich, mit pathetischen Rufen werden vom Auer- und Birkwild die Balzplätze verteidigt. Unsere Eulen stecken mit ihren charakteristischen Rufformen ihr Territorium ab.

Gebietsstreitigkeiten sind in der Vogelwelt an der Tagesordnung, werden aber gewöhnlich mit Gesangsduellen bereinigt, übrigens fast immer nur zwischen Männchen derselben Art. Manchmal kommt es dabei sogar zu Luftkämpfen, bei denen die Kombattanten Brust an Brust an einer unsichtbaren Mauer emporsteigen und wieder hinunterzugleiten scheinen. Im allgemeinen dauert der Kampf nur kurze Zeit; danach fliegt jeder auf einen Baum am Rande seines Reviers und zetert dort noch etwas. Meistens endet der Streit in einem Kompromiß, den beide Vögel mit schallendem Gesang besiegeln.

Für den erfahrenen Waldgänger sind nicht allein die Vogelstimmen ornithologische „Steckbriefe"; auch die Nester geben aufschlußreiche Hinweise auf das Vogelleben unserer Wälder. Hinsichtlich der Bautechniken ihrer Nester unterscheiden wir primitive Muldendreher, geschickte Flechter, Mooswirker, Maurer und Erdarbeiter. Die einfachste Nestform

Junger Kuckuck im Teichrohrsängernest

Die Sorge um seine Nachkommen bürdet der Kuckuck anderen Vögeln auf, die meist

Teichrohrsänger füttert Jungkuckuck

ist die offene, nur flüchtig ausgescharrte Bodenmulde. Sie genügt vielen Vögeln, namentlich den Hühnervögeln (Auer- und Birkhuhn, Rebhuhn, Haselhuhn), deren Junge schon bald nach dem Schlüpfen das Nest verlassen, also Nestflüchter sind. Erdbrüter sind auch der Baumpieper (unter Farnkraut), die Tannenmeise (in Baumstümpfen) und die Waldschnepfe (am Fuß von Bäumen). In den Baumkronen unserer Wälder nisten außer den Greifvögeln (Habicht, Sperber, Mäusebussard, Turmfalke) der quittengelbe Pirol und der Eichelhäher, Buchfink, Gimpel und Fichtenkreuzschnabel. Im Gebüsch und Unterholz finden wir die Nester von Neuntöter, Gelbspötter, Zaunkönig und Waldlaubvogel. Und da sind noch die Höhlenbrüter, die mit jeder Baumhöhlung vorliebnehmen und kaum Nistmaterial sammeln; Stein-, Wald- und Rauhfußkauz sind solch anspruchslose Mieter. Andere, wie der Waldbaumläufer, die in lichten Wäldern nisten, polstern die vorgefundene Höhlung wenigstens etwas aus – doch mehr tun auch sie nicht. Wo immer wir in unseren Wäldern gewebte, gewickelte und geflochtene Vogelnester finden, sind sie von erstaunlicher Vollkommenheit. Die (auf Nadelwald beschränkten) Goldhähnchen hängen stets ihre Kugelnester wie Christbaumkugeln in die überragenden Zweige von Tannen und Fichten; der Pirol verankert mit „statischer Einsicht" sein ebenso kunstvoll wie fest verwobenes Napfnest in Astgabeln, für das eine Tragfähigkeit von über sechzehn Kilogramm getestet worden ist!

Obwohl unsere Wälder ohne Vogelgezwitscher einen reichlich tristen Eindruck vermitteln würden, ist das Heer der gefiederten Sänger und Solisten –

Amseln brüten häufig dreimal im Jahr ▷

kleiner sind als das untergeschobene Adoptivkind

Der im Frühjahr schwarzgrün und purpurfarbig schimmernde Star legt seine Eier in Baumhöhlen oder Nistkästen

52

Die Wasseramsel ist der einzige Singvogel, der tauchend und schwimmend in fließenden Gewässern Nahrung sucht

Dreizehenspecht verläßt Bruthöhle mit Kotballen

der Rotkehlchen, der Fliegenschnäpper, der Meisen und der Finken – aber doch vor allem ein Nützlichkeitsfaktor allerersten Ranges. Vögel helfen mit, das Gleichgewicht im Naturhaushalt zu erhalten.

Was die fliegenden Hilfstruppen der Natur vermögen, ist erstaunlich: Zaunkönige, Goldammern und Laubsänger nehmen im Durchschnitt drei Zehntel ihres Lebendgewichts an Nahrung auf. Drei Blaumeisen und drei Tannenmeisen, die in großen

Grünspecht mit Nachwuchs

Buntspecht mit Nachwuchs

Schwarzspecht an der Nisthöhle

Dreizehenspecht mit Nachwuchs

Volieren gehalten wurden, verzehrten täglich neben ihrem sonstigen Futter durchschnittlich zweitausend Nonneneier, die sie von ihrer natürlichen Unterlage absuchen mußten. Wurde ihnen ihre gewohnte Nahrung bis auf sechzig bis achtzig Mehlwürmer entzogen, so steigerte sich der Tagesverbrauch auf acht- bis neuntausend Nonneneier. Vier Blau- und vier Tannenmeisen verzehren täglich bis zu zehntausend Eier des Kiefernspinners. Fünf Meisen und zwei Goldhähnchen – die zusammen nur 65 Gramm

Größer als der Große Buntspecht, trägt anstelle eines roten ein gelbes Käppchen: der Dreizehenspecht

Der amselgroße Buntspecht meißelt seine Nisthöhle etwa 30 cm tief in weiches Holz

Hierzulande nur Irrgast, in Skandinavien und der sibirischen Taiga häufig: der Weißrückenspecht

wogen – nahmen im Tagesdurchschnitt 1876 Raupen des Kiefernspanners mit einem Gewicht von 97 Gramm auf.

Praktisch alle Singvogelarten wurden aber auch im Freien auf ihre Ernährungsgewohnheiten hin untersucht. Dabei stellte man fest: Jede Schwalbe braucht täglich etwa fünfhundert Fliegen zum Leben (oder entspre-

◁ „Lacht" ähnlich wie der Grünspecht: der Grauspecht

Buntspechte sind schlechte Flieger …

… aber gute Gleiter

Ein junger Buntspecht hat sich zum Schlafen „aufgehängt"

Der Grauspecht hat einen knallroten Vorderkopf

chend mehr Mücken). Eine Schwalbenfamilie verzehrt also innerhalb eines Sommers mindestens 300.000 fliegende Kerbtiere. Meisenfamilien vertilgen im Durchschnitt jährlich 65 Kilogramm Käfer: fast alles Schadinsekten. Neben den Blaumeisen vertilgen Kohl- und Sumpfmeisen riesige Insektenmengen. Eine um 6.30 Uhr morgens erlegte Kohlmeise hatte neben halbverdauten Resten schon 36 frischverzehrte Raupen des waldvernichtenden Kiefernspanners im Magen. Meisen haben mindestens

zehn Junge: 30.000 Schädlinge im Monat genügen kaum (und schon tausend Nonnenraupen fressen eine fünfzehn Meter hohe Fichte kahl). Jedes Pärchen des Hausrotschwanzes braucht täglich mindestens 1200 größere Insekten.

Aber auch ohne Trommeln und Klopfen der Spechte wäre unser Frühlingswald um vieles ärmer. Gerade durch diese instrumentalen Lautäußerungen unterscheiden sich die Spechte von allen anderen Vogelarten. Im dich-

Gelege der Heckenbraunelle

Gelege der Bachstelze

Teichrohrsänger-Gelege mit Kuckucksei

Gelege des Blaukehlchen

Gelege des Baumpieper

Gelege des Feldschwirl

Gelege des Distelfink

ten Walde sind akustische Signale zur Nachrichtenübermittlung sicherlich wirkungsvoller als optische Ausdrucksbewegung. Die Trommelsprache der Spechte ist vermutlich aus dem Nahrungshacken im Laufe ihrer Jahrmillionen dauernden Stammesgeschichte entstanden. Jetzt hat das Trommeln der Spechte nichts mehr mit der Nahrungssuche zu tun. Es ist ein reines Verständigungsmittel von Specht zu Specht geworden. Jede Spechtart trommelt anders, hat ihren arteigenen, charakteristischen

Streit zwischen Grünfink (links) und Dompfaff

Trommelwirbel – ein Signal, das artspezifisch ist. Spechte können diese Signale genau unterscheiden.

Ganz werden wir die Sprache der Spechte wohl nie verstehen lernen, trotzdem gelang es der Verhaltensforschung, diese Sprache ein wenig zu enträtseln. So kann das Trommeln verschiedene Bedeutung haben, z.B.: „Hier bin ich zu Hause, komm mir nicht zu nahe! Wo bist Du? Hier bin ich!" Es kann aber auch bedeuten, den Partner anzulocken, ihn in die rechte

Startende Haubenmeise

Kämpfende Grünfinken

Entfernt Kotbällchen aus Nisthöhle: der Kleiber

Kleiber im Flug

Balzstimmung zu versetzen, ihm eine Höhle zu zeigen, oder es kann auch dazu dienen, einen Ärger abzureagieren, z. B. bei einer Störung. Männchen, die ihre Weibchen verloren oder keines gefunden haben, trommeln recht lange und intensiv. Leise Trommelwirbel werden oft bei der Begrüßung zweier Spechte getrommelt (Grauspecht). Vielleicht ist es auch manchmal die reine Freude am „Musikmachen", wenn ein Specht eine besonders laut tönende Trommel gefunden hat.

Singt aus hohem Sommerhimmel: die Feldlerche (hier am Nest mit Jungen)

Singen schwirrend hoch in den Bäumen und schweben dabei von Ast zu Ast: Waldlaubsänger

Plaudert und zwitschert fast wie ein Star: die Wacholderdrossel

Eifrige Insekten- und Mäusevertilger: die Raubwürger (hier flügge Junge im Nest)

Die Goldammern streifen im Winter mit Feldsperlingen und Grünfinken weit durchs Land

Von allen Spechten ist der Schwarzspecht, dessen gewöhnlicher Ruf an das Wiehern eines Pferdes erinnert, am höchsten entwickelt und hat auch die kunstvollsten Lautäußerungen. Seine oft in Buchen gezimmerten Bruthöhlen werden jahrelang bewohnt. Selbst wenn ein Höhlenbaum bei einem Kahlhieb übrigbleibt, wird die Höhle weiterhin benutzt, obwohl das Biotop rundherum verändert wurde. Schwarzspechthöhlen dienen

◁ Junge Mäusebussarde am Horst

Frißt am liebsten Kirschkerne: der Kernbeißer

außerdem vielen Tierarten als willkommene Niststätten, wie den Bienen, der Hohltaube, dem Waldkauz und dem schon selten gewordenen Rauhfußkauz, den Dohlen, dem Kleiber, dem Star und anderen Höhlenbrütern. Nicht selten findet man auch Eichhörnchen, Marder und Siebenschläfer in den Höhlen.

In den gepflegten Wäldern unserer Zeit ist eine fertige Wohnung nicht immer zu finden. Oft müssen die Spechte die ganze Bruthöhle aus

einem gesunden Stamm selbst herausarbeiten. Schwarzspechte bringen das fertig, sogar im harten Holz einer gesunden Buche. Kleinere Spechtarten können ihre Nester in der Regel nur in weichem, am besten faulen Holz zimmern. Aus dem Innern werden die Späne mit dem Schnabel hinausgetragen. Daß bei dem wuchtigen Hämmern das Gehirn keinen Schaden leidet, verdanken die Spechte der sinnreichen Konstruktion und Verstärkung ihrer Schädelknochen.

Weißsterniges Blaukehlchen

Klettert wie ein Akrobat: der Stieglitz

Glitzerndes Mineral und funkelnder Kristall – sind sie unter diesem Fels verborgen?

Kapitel 4

Eislicht aus bunten Steinen

Der Harz

In den Harzbergen bei Clausthal und Zellerfeld, Altenau und Lautenthal, Goslar und St. Andreasberg – jahrhundertelang Schatzkammer des Deutschen Reiches sowie seiner sächsischen, saalischen und staufischen Kaiser – steckt ein schier unerschöpflicher Reichtum an bunten Steinen und Kristallen. Allerdings: Wirklich schöne Minerale sind seltener als kostbare Orchideen. Lange behielt die Erde das farbenprächtige Geheimnis für sich, jetzt fördert wissenschaftliche Neugier und Sammlerleidenschaft ständig neue „Variationen in Stein" zutage. Kristall-Jäger aus aller Welt bevölkern mit Pickel, Hammer und Meißel Geröllhalden und Felsklüfte, verlassene Steinbrüche, Bergwerksstollen und dunkle Höhlen, um nach Glimmer und Granat, Bleiglanz und Quarz, Eisenspat und Malachit zu graben.

Kristall-jäger und Steinegeier

Kleine Steine werden immer mehr zum großen Abenteuer. Zwar hat die Mineralogie als Wissenschaft schon eine jahrhundertealte Geschichte, aber erst jetzt erfaßt das Kristall-Fieber breiteste Bevölkerungsschichten. Mit der Sehnsucht nach Altem und Echtem erwachte plötzlich auch die Liebe zu bleibenden Werten aus der Vorzeit unserer Erde. Die in den letzten Jahren rapid gestiegene Nachfrage hat am Mineralienmarkt einen entsprechenden Preisschub bewirkt und schöne Steine sogar zum Anlageobjekt gemacht. Hat damit eine neue Stein-Zeit begonnen?

Rund 3000 verschiedene Mineralien gibt es in der Erde, eine erstaunliche Vielzahl wurde davon im Harz ans Tageslicht befördert. Im geologischen Aufbau dieses durch die deutsch-deutsche Grenze geteilten Mittelgebirges ist die ganze Formation des Erdaltertums vertreten. Das zeigt sich besonders deutlich im romantischen, naturgeschützten Okertal, wo die „klassische Quadratmeile der Geologie" zur näheren Beschäftigung mit den Harz-Gesteinen lockt.

Die Bodenschätze machten den Harz bereits im frühen Mittelalter zu einem dichtbesiedelten Raum. Im 10. Jahrhundert begann der Bergbau mit der Erschließung des Rammelsberges bei Goslar. In den darauffolgenden zwei Jahrhunderten machte der Silberreichtum des Rammelsberges Goslar zur Schatzkammer des Deutschen Reiches und zur Residenz der sächsischen, salischen und staufischen Kaiser. Von Goslar breitete sich der Bergbau in den Oberharz aus. Die sieben Bergstädte Altenau, Clausthal und Zellerfeld, Bad Grund, Lautenthal, Wildemann und St. Andreasberg bildeten das erste geschlossene deutsche Industriegebiet mit etwa 25.000 Einwohnern. Im Bergwerksmuseum Grube Samson in St. Andreasberg kann man noch den Silberschürfern nachspüren, die hier von 1521 bis 1910 arbeiteten.

Die 1775 als Bergschule gegründete Technische Universität Clausthal-

Steinbrüche im Harz: Treffpunkt für Hobby-Geologen und Mineraliensammler

Flußspat (natürliche Größe 60 x 80 mm)

Zinkblende auf Siderit (natürliche Größe 11 x 15 mm)

Felshang im Okertal

Allein die Sammlung von Mineralien und Gesteinen, die im Harz gefunden wurden, ist bemerkenswert.

Das Interesse der Menschen an schönen, farbigen Steinen ist uralt. Bereits die Jäger der Eiszeit vor etwa 30.000 Jahren verzierten ihre aus Horn, Knochen und Elfenbein geschnitzten Werkzeuge und die Abbilder ihrer Jagdbeute – Bär, Ren und Mammut – mit Schmucksteinen, wie Funde aus Spanien und Südfrankreich beweisen. In der Steinkirche bei Scharzfeld (Harz) – eine Höhle, die in vorgeschichtlicher Zeit Rentierjägern als Wohnstätte diente – wurden ähnliche Funde nicht gemacht. Vielleicht gab es unter den Germanen, die diese Höhle als Kultstätte benutzten, auch schon Mineralienfreunde?

Sehr vielen Mineralien wurden früher magische Kräfte zugeschrieben. So glaubte man, der zarte Farbton des Rosenquarzes werde seinen Besitzer klug machen und ihm Glück in der Liebe bringen. In Mittelamerika verehrte man z.B. Smaragde und Opale als Gottheiten. Blumen, Vögel und Schmetterlinge aus Jade gelten in China als Symbole der Unsterblichkeit, eine Fledermaus aus dem gleichen Material als Symbol des Glücks. Das Amtsschild des Hohenpriesters von Jerusalem war mit 12 verschiedenen Mineralien besetzt, je ein Stein als Sinnbild für einen der 12 Stämme Israels.

Die Ärzte im 17. Jahrhundert glaubten an die Heilkraft verschiedener Mineralien. Dem feingebänderten Achat sprach der Hofarzt des Herzogs von Württemberg die Eigenschaft zu, daß er „fein zerstoßen und mit Honig·

Dunkles Rotgültigerz oder Pyrargyrit (40 x 53 mm)

Zellerfeld besitzt eine der größten Mineraliensammlungen der Welt. Rund 7000 von den insgesamt 23.000 Ausstellungsstücken können im Hauptgebäude der alten Bergakademie neben der Marktkirche bewundert werden. Nicht nur für Fachmineralogen und Hobby-Geologen ist es ein faszinierender Anblick, was in den Tiefen der Erde während unvorstellbar langer Zeiträume entstand. Der Besucher der Mineraliensammlung erlebt eine überwältigende Vielfalt an Farben, Formen und Materialien.

Hämatit mit Rutil (26 x 35 mm) ▷
Pyrolusit (natürliche Größe 42 x 56 mm) ▷▷
Uranglimmer oder Torbernit (30 x 40 mm) ▷▷▷

Pyrolusit (natürliche Größe 26 x 35 mm)

vermischt" genossen, „stillenden Frauen die Milch in die Brüste schießen" lasse. Auch der Rauchquarz wurde damals als Arznei verordnet: „Kristallpulver, in Wein aufgelöst, hilft bei Durchfall, verscheucht den Schlaf, vertreibt das Schwindelgefühl."

Im Kleinsten offenbart sich die Natur in ihrer ganzen Größe. Diese Erkenntnis hat eine von Jahr zu Jahr rascher wachsende Zahl von Hobby-Geologen veranlaßt, sich auf das Sammeln kleiner und kleinster Mineralien, den sogenannten „micro mounts" zu spezialisieren. Dadurch läßt sich auf engem Raum ein ganzes Museum unterbringen. Außerdem hat das Sammeln von Mineralien in dieser „Größenordnung" noch den Vorteil, daß jene Steine, die man in der bereits arg durchwühlten Erde nicht mehr selbst finden kann, sondern kaufen muß, noch durchaus erschwinglich sind. Zum Betrachten der Kleinmineralien benutzt man Lupen oder Stereomikroskope mit 20- bis 40facher Vergrößerung, wodurch sich eine wahre Zauberwelt der Formen und Farben eröffnet. Das Festhalten dieser steinernen Wunder im Farbdia ist ein für Mineraliensammler wie Naturfotografen gleichermaßen reizvolles Hobby.

Fanatische Steinjäger bringen jedoch neuerdings eine empfehlenswerte Freizeitbeschäftigung immer häufiger in Mißkredit. Infolge einer beispiellosen Ausplünderung zahlreicher Fundstellen, die in vielen Fällen mit einer Verschandelung der Landschaft einhergeht, werden neue Fundorte von seriösen Sammlern kaum noch preisgegeben. Die Angst vor rücksichtslosen „Steine-Geiern" hat mittlerweile sogar viele Gemeinden veranlaßt, alte Bergwerksschächte und Steinbrüche mit Stacheldraht zu sichern.

Bleiglanz auf Siderit (22 x 30 mm)

Schon die Römer schätzten das Wasser der Eifel; täglich leiteten sie 30 Millionen Liter nach Köln

Kapitel 5

Ein wasserreiches Waldland

Die Eifel

Wohl kaum ein zweites Waldland ist so reich an Wasser, so reich an wilder Schönheit wie die Eifel: Kreisrunde Maare, verträumte Seen und Teiche, forellenreiche Flüsse und Bäche, stille Moore und Sümpfe. Von Sagen und Legenden umwoben sind die Maare der Vulkaneifel, die vor rund 10.000 Jahren Krater feuerspeiender Berge waren. Manche dieser Kraterseen, wie etwa Totenmaar und Pulvermaar, sind im Frühsommer bekränzt mit blühendem Ginster. Wo sich an den Kraterseen Verlandungszonen mit Schilf und anderen Wasserpflanzen gebildet haben, entstand ein Paradies für Wasservögel. Die Talsperren von Rur, Urft und Olef, die auch im Winter offene Wasserstellen aufweisen, sind Rast- und Überwinterungsplatz zahlloser Wasservögel aus den Seenlandschaften Rußlands und Skandinaviens.

Maare, Vögel und Vulkane

Das „Land der erloschenen Feuer" zählt – mit rund 1300 mm Niederschlag im Jahr – zu den wasserreichsten Regionen der Bundesrepublik. Schon die Römer schätzten das Wasser der Eifel und leiteten bereits im 1. Jahrhundert n. Chr. das Wasser aus der Eifel nach Köln. Diese römische Wasserleitung, der sogenannte Römer-Kanal, der mit Recht „das bedeutendste Werk römischer Ingenieurkunst auf deutschem Boden" genannt wird, kann heute noch an verschiedenen Stellen im Bereich des Naturparks Nordeifel bewundert werden. Spätestens mit dem Ausgang der Römerherrschaft – also etwa im 5. Jahrhundert n. Chr. – ist die Leitung, die bei einem täglichen Verbrauch von rund 100 Liter pro Einwohner rund 300.000 Menschen mit bestem Wasser versorgen konnte, außer Betrieb gekommen und allmählich in Vergessenheit geraten.

Bis zum Beginn des 20. Jahrhunderts blieb der Wasserreichtum jedoch weitgehend ungenutzt, ja, er wirkte sich durch katastrophale Überschwemmungen in den Tälern von Rur, Urft und Olef eher nachteilig aus. Ehe die künstlichen Stauseen – mittlerweile sind die meisten längst ein Stück Natur geworden – die vor allem im Winterhalbjahr anfallenden Niederschlagsmengen auffingen, strömten sie infolge mangelnder Speicherfähigkeit des wasserundurchlässigen Schiefergebirges ungehindert und mit zunehmender Geschwindigkeit zu Tal und richteten dort – besonders in der landwirtschaftlich genutzten Rurniederung – Jahr für Jahr beträchtliche Schäden an.

Wesentlich älter als die Stauseen sind die stillen, häufig kreisrunden Eifelmaare. Von Sagen und Legenden umwoben, von gelbem Ginster und grünem Buschwerk gesäumt, existieren diese kleinen „Meere" – 30 an der Zahl und manche kaum größer als ein Dorfteich – seit Tausenden von Jahren. Die Entstehung der Maare – von jeher ein Paradies für Wasservögel – ist trotz intensiver Forschung letztlich immer

Scheinbar chaotisch mutet eine in Wirklichkeit gut organisierte Lachmöwen-Kolonie an

noch ungelöst. Eine ältere Theorie hielt die Maare für vulkanische Sprengtrichter, die in einem einmaligen explosiven Durchbruch aus der Tiefe entstanden seien. Wenn sie mit Wasser gefüllt sind, so stehe dies in keinem direkten Zusammenhang mit dem Vulkanismus selbst, sondern beruhe lediglich auf den Untergrundverhältnissen. Die mit Wasser gefüllten Maare seien – im Gegensatz zu den sogenannten Trockenmaaren – in Gesteinsschichten eingebettet, deren Tonbänke Regen- und Quell-

Zank und Streit...

… sind bei Lachmöwen an der Tagesordnung

wasser angestaut haben.

Zwei vulkanologische Arbeitsgruppen der Universitäten Mainz und Bochum haben sich in den letzten Jahren eingehender mit den Vulkanen der Eifel befaßt und sind zu völlig anderen Erkenntnissen gelangt. Die Wissenschaftler stellten fest, daß die Maare immer dann entstanden sind, wenn das aus dem Erdinnern aufsteigende Magma auf einen Grundwasserhorizont traf; dabei wurde das Wasser durch 1200 Grad heißes Magma erhitzt, und Wasserdämpfe lösten dann die Eruption aus.

Diese Überlegung wurde durch die weitere Entdeckung bestätigt, wonach die Maare – mit Ausnahme des Totenmaares – in alten Tälern liegen, wo im Untergrund meistens Wasser vorhanden ist, während gleichzeitige, höher gelegene Eruptionen Schlakkenkegel oder Lavaströme erzeugten.

Nicht alle Rätsel der Maare oder der anderen Eifelvulkane sind damit gelöst, doch wird ihre weitere wissenschaftliche Erforschung vielleicht bald dringend notwendig: Das unter der Eifel gespeicherte natürliche Wärmepotential könnte eines Tages nicht unwesentlich zu unserer Energieversorgung beitragen. Denn tief unter den Maaren glüht und brodelt ein ungeheurer Ofen – groß genug, um den Energiehunger der Bundesrepublik auf Jahre hinaus zu stillen.

Noch aber tummeln sich auf den grünblauen Kraterseen zahlreiche Wasservögel, die sich von dem leichten Sprudeln auf dem Laacher See – hervorgerufen von vulkanischen Kohlesäurequellen – nicht irritieren lassen. Vor allem dort, wo sich Verlandungszonen mit Schilf und anderen Wasserpflanzen bilden konnten, ist die Artenvielfalt erstaunlich groß. Am häufigsten kann man Wildenten und

… wütende Schreie …

… und heftige Angriffe …

Auch in der Lachmöwen-Kolonie ist der „Flugverkehr" durch festgelegte Einflugschneisen geregelt

Bei Verletzung der Einflugschneisen durch unbefugte Artgenossen kommt es fast stets zu aggressiven Auseinandersetzungen

Schutzmaßnahmen haben erfreulicherweise zu einer gewissen Stabilisierung des Graureiherbestandes geführt

◁ Trotz hoher „Verkehrsdichte" keine Zusammenstöße

Bläßrallen – auch Bleßhühner genannt – beobachten; aber auch Höckerschwäne und Lachmöwen brüten hier.

Da die größeren Maare, wie etwa der Laacher See, nur in extrem strengen Wintern eine geschlossene Eisdecke haben, finden sich an diesen relativ sauberen Maar-Seen auch zahlreiche Gäste aus dem Norden und Osten ein: Graugänse, Krickenten,

Spießenten, Kolbenenten, Tafelenten, Moorenten, Reiherenten, Schellenten, Zwergsäger und Gänsesäger. Regelmäßig stellen sich in den frühen Morgenstunden an verschwiegenen Buchten Graureiher zur Nahrungsaufnahme ein. Verständnisvollen Jagd- und Fischereipächtern ist es zu danken, daß dieser herrliche Großvogel, der anderswo teilweise noch immer verfolgt wird, an Eifelgewässern eine Heimstatt gefunden hat.

Ein besonderes Schauspiel ist der

Kampf rivalisierender Bläßrallen. Mit eingezogenem Hals, den weißen Schnabel mit der weißen Stirnplatte knapp über der Wasseroberfläche, schwimmen sie aufeinander zu, stoßen heiser bellende Warnlaute aus, heben sich dann vor Erreichen des Gegners aus dem Wasser und stürzen sich aufeinander. Oft beteiligen sich drei, vier Tiere an einem Kampf. Ein wild spritzendes, flügelschlagendes, lärmendes und streitendes Knäuel bildet sich. Und wehe dem Unterlegenen! Von allen Seiten bekommt er Hiebe und

Mißverständnisse und kleine Raufereien gibt es auch bei Graureihern

Streit am winterlichen Futterplatz

wird mit ungestümen Fußtritten unter Wasser gedrückt. Kaum aber hat der Verlierer seine Gegner abgeschüttelt, scheint die Prügelei vergessen. Nachdem man an einigen Wasserpflanzen gepickt hat, stört man sich vielleicht schon an einem anderen schwarzgefiederten Genossen, dessen weißleuchtende Blässe zum nächsten Duell auffordert.

Die Küken der Bläßrallen sind – verglichen mit den erwachsenen Tieren – ein wahres Farbwunder. Stirn und Schnabelzone sind feurig gefärbt, der obere Teil des Kopfes erscheint tiefblau. Die langen Flaumhaare, die Nakken, Ohrgegend und Kehle bedecken, laufen in goldenen Enden aus. Das anthrazitfarbene Federkleid ist mit silbrig hellen Spitzen durchsetzt. Leuchtend hebt sich die weiße Schnabelspitze vom roten Schnabelansatz ab.

Ähnlich farbenfroh ist der Nachwuchs

Huckepack auf große Fahrt: Gänsesäger ▷
Am Nest des Höckerschwans ▷▷

Flatternd im Laufschritt über den zugefrorenen See: Bläßrallen

des Haubentauchers gezeichnet, mit beinahe drei Pfund Körpergewicht und einer Gesamtlänge von etwa 50 Zentimetern größter europäischer Vertreter aus der Familie der Lappentaucher. Wie ihre übrige Verwandtschaft sind auch die Haubentaucher während der Paarungszeit besonders aktiv. An stillen Tagen kann man ihre tiefen, rollenden „Korr"-Rufe kilometerweit über das glatte Wasser eines Sees vernehmen. Das Balzzeremoniell kann sich über etliche Wochen erstrecken, und es gibt nur wenige

Jeder Nebenbuhler . . .

. . . wird unverdrossen gejagt . . .

...notfalls im Laufschritt...

...über den ganzen Teich

Vogelarten, bei denen die Partner mit so viel Ausdauer und mit solch ausgeprägtem Ritual umeinander werben wie diese stolzen Vögel mit ihren auffallenden Kopfhauben. Die beiden Partner stellen sich Brust an Brust, schütteln den weitgesträubten Kopfschmuck, scheinen sich zwischendurch zu putzen, bieten sich gegenseitig Niststoff an und richten sich im Höhepunkt der Erregung hoch gegeneinander auf. Dieses Hochrecken wird von den Verhaltensforschern „Pinguin-Pose" genannt. Sie gehört zum

Der Sieger taucht den Unterlegenen unter Wasser

Liebesvorspiel, das häufig auf offenem See zur Schau gestellt wird. Die eigentliche Paarung dagegen findet heimlich auf dem in der Uferzone versteckten Nest statt.

Das Nest des Haubentauchers, der nach wie vor weder jagdlichen noch sonst einen gesetzlichen Schutz genießt, wird aus Schilfhalmen, Binsen und Schlammstoffen errichtet. Auch während der Brut wird noch daran gebaut, und vor allem bei länger anhaltendem Regen stocken die Tau-

Bläßrallen kappeln sich unentwegt . . .

. . . traktieren sich mit Flügelschlägen . . .

Wer oben ist, kennt kein Pardon

... und treten sich mit Füßen

cher ihre Niststätte auf. Da diese Vögel bei einer nahenden Störung häufig ihr Nest sehr früh und unbemerkt verlassen, erkennt man den unordentlichen Schlammhaufen meist gar nicht als Vogelnest. Die Eier bedecken die Tiere nämlich jedesmal mit Pflanzenteilen der unmittelbaren Umgebung. Das hat einen weiteren Vorteil: In dem warmen, weil fauligen Nistmaterial können die Eier einige Stunden unbebrütet bleiben, ohne daß das werdende Leben abstirbt. Um die Jungen in den ersten Tagen nach dem Schlüpfen zu entdecken, muß man schon sehr genau hinsehen. Meistens haben sie sich im Federkleid der Altvögel verkrochen und schwimmen auf dem Rücken oder verborgen unter den kurzen Flügeln mit. Huckepack tauchen sie sogar mit ihren Eltern, lange bevor sie selbständig dazu imstande sind. Die kleinen Haubentaucher machen also schon frühzeitig eine harte „Seemannsschule" durch.

Schwierig wird diese Beförderungsart bei den knapp faustgroßen Zwerg-

Haubentaucher leben in strenger Einehe

tauchern. Leicht wie ein Flaschenkork schwimmen die gelbbraunen
Federbällchen auf dem Wasser. Vor
dem Tauchen legen sie ihr normalerweise dick aufgeplustertes Federkleid eng an den Körper, pressen die
Luft heraus und verschwinden mit
einem Satz blitzschnell unter der
Oberfläche. In den Sommermonaten
machen die winzigen, knapp halb-
pfundschweren Zwergtaucher mit
einem lauten und sehr melodischen
Triller auf sich aufmerksam – mehr
Stimme als Fleisch.

Zwergtaucher mit Nachwuchs

Häufiger Wintergast in der Eifel: die Kolbenente

Die kleinste Wildente, die sich vor allem im Winterhalbjahr auf den Talsperren einfindet, ist die bunte Krickente. Im Gegensatz zu den anderen Schwimmenten fliegt sie bei Gefahr nicht auf, sondern sucht sich tauchend zu verbergen. Das Männchen ruft sanft und wohltönend „Krrrit", das Weibchen quakt rauh und schnarrend. In größerer Gesellschaft wird stimmfreudig und lebhaft gegackert.

Wohlklingende Geräusche verursacht die Schellente. Während Stockenten-flügel in der Luft ein singendes Pfeifen hervorrufen, erzeugen die Schwingen der Schellente ein glockenähnliches Läuten. Die rasch aufeinander folgenden Klück-klü-klü-klü-Töne erinnern entfernt an den Ruf des Grünspechts. Schellenten sind Höhlenbrüter; vielfach nisten sie hoch in Spechthöhlen. Die Jungen klettern unmittelbar nach dem Schlüpfen aus der Baumhöhle und lassen sich in die Tiefe plumpsen. Da sie sehr leicht und weich sind, ist die Verletzungsgefahr äußerst gering.

Frisch geschlüpft und schon hellwach: Kiebitz

Gesunde Wälder sind der größte Reichtum eines Landes

Kapitel 6

Grünes Gold und Orchideen

Der Schwarzwald

Ähnlich wie der Harz war auch der Schwarzwald in alten Zeiten gefürchtet und gemieden. Schon die Römer kannten ihn nur als den wilden Grenzwald, Cäsar bezeichnete ihn gar als das „Ende der Welt". Ein wenig ist diesem Land von seiner geheimnisumwitterten Düsternis geblieben, auch wenn Wolf und Bär, Luchs und Wisent längst aus seinen dunklen Forsten verschwunden sind. Immer noch heimisch dagegen sind Fuchs, Baummarder und Dachs. Wer sich in den Nachtstunden hinauswagt, kann in der Einsamkeit der Wälder auch die dumpfen Rufe von Uhu und Waldohreule hören. Und in den entlegensten Winkeln blüht die „Blume des Himmels", der Frauenschuh. Andere seltene Orchideenarten, wie etwa die trickreiche Hummelragwurz, gedeihen in einigen verschwiegenen Tälern ebenfalls.

Blumen des Himmels

Das große, abwechslungsreiche Waldgebirge des Schwarzwaldes wird nicht nur von Urlaubern und Erholungsuchenden wegen seiner landschaftlichen Reize und der guten Luft gerne besucht. Der Schwarzwald und seine Randgebiete, wie zum Beispiel die Baar im Nordosten, bieten vor allem Naturfreunden zahlreiche Überraschungen.

In den höheren Regionen des Schwarzwaldes, besonders an geschützten felsigen Hängen und in feuchten Schluchten stößt man auch heute noch auf herrliche lichte Mischwälder mit Buchen, Bergahorn, Tannen und Bergulmen. Die Landesforstverwaltung Baden-Württemberg hat mehrere Dutzend Reservate geschaffen, sogenannte Bannwaldgebiete, in denen sich die Wälder wieder ungestört entwickeln können. Solche Bannwälder haben teilweise wieder Naturwaldcharakter und sind für den Naturfreund ein Erlebnis besonderer Art. Wer Zeit und Mühe nicht scheut, in solchen Wäldern zu verweilen, kann vielleicht begreifen, warum der Schwarzwald lange Zeit von den Menschen gemieden wurde. Allzu düster, geheimnisvoll und wild mag er ihnen erschienen sein. Selbst die einfallenden Römer haben den Schwarzwald umgangen und die scheinbar endlosen Wälder gefürchtet. Kein Wunder, daß viele Märchen und Sagen hier ihren Ursprung haben. Erst nach dem 10. Jahrhundert sind die Schwarzwaldberge und die ein-

Wird wieder heimisch: die Wildkatze

Unentbehrlicher Gesundheitspolizist: der Fuchs

Anmutig und scheu: das Reh

samen Täler von unerschrockenen Bauern besiedelt und gerodet worden. Vom „grünen Gold", vom Reichtum des Waldes, war damals allerdings nicht die Rede. Eher schon von der heilkräftigen Wirkung vieler seiner Pflanzen und dem schmackhaften Fleisch vieler seiner Tiere.

Lange, bevor die Wirkungen des Waldes auf unsere Umwelt dem Menschen bewußt geworden sind, hat der Wald auf das Seelenleben der Menschen eingewirkt. Bis in unsere nüchterne, allem Gefühlsmäßigen scheinbar abholde Zeit waren in allen Zeitepochen seelische Bindungen zum Wald vorhanden, und auch heute ist die gefühlsmäßige Waldverbundenheit als die bewußte, auf seinen vielseitigen Nutzfunktionen beruhende.

Der Wald mit seinen Tieren und Pflanzen, mit Fuchs und Hase, Reh und Eule, mit köstlich schmeckenden Beeren und wohlriechenden Blumen, mit heilkräftigen Kräutern und bizarr geformten Orchideen – dieser Wald be-

Hochflüchtiges Reh

Neugierig und keck: der Feldhase

Flüchtender Feldhase

reitet uns allen Freude und Entspannung. Der Wald hat für uns etwas Beruhigendes, Herzerfrischendes, ganz ohne Sentimentalität. Er nimmt einen gastlich auf. Er ist verschwiegen. Er hält die Zeit an. Er hat Größe und Tiefe. Er verwandelt Unruhe in behutsame Geborgenheit – er tut ganz einfach gut. Etwas Bereitschaft gehört wohl dazu, seine Stimme zu hören: Nur wer den Schritt anhält, vernimmt das Rieseln der Samen aus dem Gezweig der Fichten, das ferne, gedämpfte Sirren der Insekten, den hohlen Ruf der Wildtaube, den Warnruf des Eichelhähers und sieht das über junges Buchenlaub fließende Licht, das kühle Grün des Moosteppichs, einen hastig krabbelnden Käfer, die gleichsam angehaltene Prozession der Baumstämme, die in letzter Tiefe regungslos verdämmern, das Filigran schimmernder Spinnennetze, den Falter, der sich mit bebenden Flügeln der Sonne hingibt.

Wir spüren unter unseren Füßen einen Boden, der anders ist als hartes

Männliche Feldhasen liefern sich vor allem im Frühjahr heftige Boxkämpfe und beschießen sich mit wohlgezielten Harnstrahlen

Pflaster, wir atmen eine Luft, die herrlich sauber und frisch ist. Wir riechen den unbeschreiblichen Duft bunter Blumen, Beeren und Pilze, den aromatischen Geruch von Harzen und Gerbstoffen, den modernden Geruch des feuchten Bodens – alles, was die Atmosphäre eines gesunden Waldes ausmacht. Dem staunenden Auge eröffnet sich auf Schritt und Tritt eine wunderbare Vielfalt an Formen und Farben; das Ohr vernimmt, bewußt oder unbewußt, eine Vielfalt leiser, flüsternder Töne, die alle zusammen

Verlegenes Putzen

Erster Annäherungsversuch

Begrüßung durch Beschnuppern

den zutiefst beruhigenden Akkord der Melodie des Waldes ergeben.

Aber, es geht auch anders. „Er sieht den Wald vor lauter Bäumen nicht" ist das Sprichwort für einen Begriffsstutzigen, und diese Art von Begriffsstutzigkeit ist tatsächlich jahrhundertelang die Berufskrankheit vieler Naturwissenschaftler gewesen. Der Baum wurde aus dem Wald genommen, die Blüte und das Blatt vom Baum, jedes Kraut und jedes Tier aus seiner Gemeinschaft, dem Bestand, der Herde, aus dem ganzen vielfältigen und größtenteils noch unerforschten Geflecht der Wechselbeziehungen mit seiner natürlichen Umwelt. Die einzelne Tier- oder Pflanzenart, die man isoliert hat und im Beet, im Stall, im Käfig oder im Reagenzglas halten und züchten kann, wird dem Forscher zwar vieles über ihre Struktur und Lebensweise, vieles

Hochflüchtige Rehe überqueren einen Fluß ▷

Rehbock im Ginsterwald

auch über die allgemeinen Lebenserscheinungen enthüllen, aber den „Wald" wird er bei solchem Studium dennoch „vor lauter Bäumen" nicht sehen.

Man kann verstehen, daß Grzimek fragte, weshalb eigenlich wir, die so viel zur Erhaltung vergänglicher, vom Menschen ersonnener Kunstwerke tun, so wenig unternehmen, um die unersetzlichen Schöpfungen der Natur zu erhalten. Doch gilt solch allgemeines Bedauern vor allem den großen und bekannten Tieren, wie dem Tiger, dem Seeadler oder dem Auerhahn. Unbemerkt aber verläuft daneben das Aussterben zahlloser unscheinbarer Lebewesen, wie Schmetterlingen, Singvögeln oder Blumen, denen durch die industrielle Denaturierung unserer Landschaft der Lebensraum entzogen wird.

Heute erhebt sich nirgendwo eine Stimme, wenn Unsummen von Geld für die Restaurierung von Kirchen, für den Ankauf von Gemälden für öffentliche Museen, für die Subventionierung von Theaterplätzen und vieles andere mehr im Kulturbereich aufgewandt werden. Ist das nicht selbstverständlich? Wer möchte schon ein Kulturbanause sein? Als Naturbanause zu gelten, macht den wenigsten etwas aus. Kulturerbe muß unter allen Umständen erhalten werden, Naturerbe kann getrost vor die Hunde gehen.

Nirgendwo in der Natur ist das Leben einförmig, nirgendwo ist es fixiert auf eine Pflanzen- oder eine Tierart. Immer sind es viele Formen, die sich einen Lebensraum teilen und die miteinander verknüpft sind zu einer Lebensgemeinschaft. Aber erst in der zweiten Hälfte unseres Jahrhunderts bildete sich in der naturwissenschaftlichen Forschung ein Zweig, der diese

Naschhaft und verspielt: das Rehkitz

Umweltbedingungen zu verstehen sucht: die Ökologie. Jahrhundertelang wurde geforscht und geforscht, hat man Fakten auf Fakten gehäuft und einen unüberschaubaren Wissensberg aufgebaut. Aber erst in unserer Generation hat man begonnen, die unzähligen Einzelerkenntnisse im Zusammenhang zu sehen, nicht mehr fachbezogen, sondern vernetzt zu denken. Chemiker und Biologen, Förster und Landschaftsgestalter, Jäger und Bauern – sie alle zusammen müssen versuchen, die tieferen Zusammenhänge und jeweiligen Wechselwirkungen im Naturhaushalt zu erkennen. Denn eine Verletzung der Gesetzmäßigkeiten in der Natur kann im schlimmsten Fall tödlich sein. Der Fuchs ist auf Mäuse und Hasen angewiesen, um leben zu können. Sie gehören als wichtiger Faktor, nämlich als Beute, zu seiner Umwelt. Die Mäuse und Hasen aber, so erstaunlich das auch zunächst klingt, sind auch auf die Füchse angewiesen, um als Arten auf die Dauer bestehen zu können. Wer von solchen gegenseitigen Abhängigkeitsverhältnissen zwischen Feind und Beute nichts ahnt, dem kann es leicht ergehen wie den amerikanischen Farmern der Jahrhundertwende, die alle Adler in North Carolina ausrotteten, um die Wachteln vor ihren Feinden zu schützen. Der Erfolg war verblüffend: Bald nachdem der letzte Adler geschossen war, starben die Wachteln massenweise. Sie gingen an einer Parasitenkrankheit zugrunde, die sich vorher nie recht ausbreiten konnte, weil die infizierten und kranken Tiere stets als erste von den Adlern erbeutet worden waren.

Aber auch den australischen Siedlern ging es nicht besser: Sie hatten Jagd auf den „Lachenden Hans" gemacht, einen Verwandten unseres Eisvogels, den sie fast völlig ausrotte-

Ricke in der Graswildnis

Wie kleine Pflaumen im Geäst funkeln im Herbst die schwarzblau bereiften, stark säuerlich schmeckenden Steinfrüchte des Schlehdorns

ten, weil er mit seinem zeternden Geschrei und unangenehmen „Gelächter" die Farmersfrauen nervös gemacht hatte. Kurz darauf nahm die Zahl der Giftschlangen – deren einziger Feind der Lachende Hans gewesen war – erheblich zu, und viele Menschen und stellenweise ein Viertel der Viehbestände erlagen dem Schlangenbiß.

So haben die Menschen jener Zeit bitteres Lehrgeld zahlen müssen für mangelnde Kenntnis der Lebensge-

Schlehdornblüten riechen nach Bittermandeln

Die süß-saftigen Früchte des Brombeerstrauches

Aus Hagebutten – die Früchte der Heckenrose – läßt sich eine vitaminreiche Marmelade herstellen

Reife Früchte der Walderdbeere

meinschaften und ihrer inneren Beziehungen. Am teuersten aber haben die Australier gezahlt und zahlen noch heute: hatte man doch zur Bekämpfung eines eingeschleppten Kaktus, der ganze Landstriche des australischen Kontinents überwucherte, wilde Kaninchen ausgesetzt. Sie nagten zwar an den Kakteen, fraßen aber lieber das Gras der Weideländer und vermehrten sich dabei in einem Lande, in dem sie keine natürlichen Feinde besaßen, so ungeheuerlich, daß bald der ganze Kontinent von ihren Höhlen und Gängen unterwühlt, das Grasland jedoch wurzeltief aufgefressen war. Obendrein breiteten sich die Kakteen so rasch aus, daß bald ein Gebiet von über 24 Millionen Hektar – das ist die Fläche der Bundesrepublik – damit verseucht und zur Hälfte unbrauchbar geworden war. Erst als australische Biologen einen argentinischen Schmetterling ins Land brachten, dessen Raupe ein ausgesprochener Kakteenschädling ist, gelang es, das Land wieder nutzbar zu machen.

Das verblüffendste Beispiel für die innigen Zusammenhänge in der Lebensgemeinschaft der Tiere und Pflanzen stammt von dem großen englischen Naturforscher Charles Darwin: „Je mehr Katzen wir in England halten", so hatte er prophezeit, „um so besser gedeihen die Schafe auf den Weiden!" Wieso dies? Viele Katzen bedeuten: wenig Mäuse auf den Feldern. Wenig Mäuse aber bedeuten: viele Hummeln, denn die Mäuse sind deren einzige Feinde. Viele Hummeln schließlich bedeuten: viel Klee, denn die Hummeln sind die einzigen Insekten, die mit ihrem langen Rüssel Kleeblüten bestäuben können.

Im gleichen Maße, in dem sich die Wissenschaft der Ökologie mit den Vernetzungen und Zusammenhängen im Naturhaushalt befaßt, im gleichen Maße werden wir uns bewußt, daß in unserer natürlichen Umwelt, infolge eines erstaunlichen Regulationsvermögens, das Prinzip des Gleichgewichts herrscht. Stören wir dieses Gleichgewicht, kommt es über kurz oder lang zur Katastrophe. Holzäcker mit schnellwüchsigen Fichten in Reinkultur tragen den Keim für Insektenfraß, Waldbrände und Sturmschäden in sich. Trotzdem wird der Renditewald immer mehr auf Fichte und Kiefer getrimmt, denn diese Bäume kommen wegen ihrer Schnellwüchsigkeit rasch in die Gewinnzone. Der Wald hat also auch in Zukunft der Gewinnung von Nutzholz zu dienen, und der erholungsbedürftige Bürger darf die Holzproduktion besichtigen. Zwar ist der Einheitsforst langweilig anzusehen, aber das „grüne Gold" wächst auf diese Weise am schnellsten nach.

Glücklicherweise gibt es auch – und nicht nur im Schwarzwald – Bestrebungen, nicht nur viel Holz zu erzeugen (der einzige Rohstoff, der nachwächst), sondern auch die Wälder mit

Der Wiesensalbei wird 40–70 cm hoch

Aus den zartgliedrigen Stengeln des Waldschachtelhalmes entwickelten sich vor 20

ihrem Pflanzenreichtum zu erhalten. Mit Hilfe einer genau durchdachten Planung versucht man, den Anforderungen von Wirtschaft, Landschaftspflege, Erholung und dem Naturschutz gerecht zu werden. Der biologisch ideale Aufbau eines Waldes bringt – auf die Dauer gesehen – die gleiche Rendite, bietet dem Wild Unterschlupf und reiche Äsung, läßt das Wachstum von zahlreichen Pilzen, beerentragenden Sträuchern und heilkräftigen Pflanzen zu, und gewährleistet – ganz nebenbei – dem streßgeplagten Menschen die bestmögliche Entspannung und Erholung.

In entlegenen Winkeln stiller Schwarzwaldtäler blüht zur Freude vieler Pflanzenfreunde noch immer der Frauenschuh, die „Blume des Himmels". Wie die in den Tropen wachsende Vanille (aus getrockneten Fruchtschoten wird Vanillepuder gewonnen) zählt der Frauenschuh zur großen Familie der Orchideen. Sie gehören nicht nur zu den teuersten und schönsten Blumen, sie sind gleichzeitig auch die „raffiniertesten", soweit es das Liebesleben einiger unserer einheimischen Orchideen betrifft. Die Blüten von Bienen-, Hummel- und Fliegenragwurz ahmen die weiblichen Geschlechtspartner der Insekten so täuschend nach, daß die männlichen Insekten versuchen, sich mit der Blüte zu paaren. Untersuchungen haben ergeben, daß ein Blütenblatt dieser Ragwurzarten sogar im Behaarungsmuster den weiblichen Insekten entspricht und damit bei den Männchen automatisch das Paarungsverhalten auslösen kann, sobald sie auf der Blüte gelandet sind.

Was Forscher vor noch gar nicht allzu langer Zeit entdeckten, mutet wie ein

Die silbrigen Samenschöpfe des Weidenröschens ▷

Millionen Jahren 30 Meter hohe Bäume – die Reste nennen wir heute Steinkohle

Die Bienenragwurz besitzt weder Nektar, noch Öl, noch sonst etwas Eßbares — trotzdem werden sie von Bienen besucht

Die Hummelragwurz täuscht mit ihrem Aussehen und ihrem Geruch ein Hummelweibchen vor

Vollkommen ungeschützt ragen aus den nach rückwärts gebogenen Blütenblättern der Türkenbund- oder Marslilie bündelweise die prall gefüllten Staubgefäße

genialer Trick eines Zauberkünstlers an. Wohl prangen die Ragwurzarten in verführerischer Schönheit und kommen dadurch ihren Bestäubern gewissermaßen auf halbem Wege entgegen. Jedoch: Sie appellieren nicht wie andere Blütenpflanzen an den Nahrungstrieb, sie wenden sich vielmehr an das zweite elementare Wirkungsgefüge im Tier, an den arterhaltenden Fortpflanzungstrieb.Sie schleichen sich gewissermaßen in das zwischen Insektenweibchen und -männchen bestehende Signalsystem ein. Mit anderen Worten:

Die Blüten der Fliegen-, Bienen- und Hummelragwurz locken nicht mit Pollen, Nektar und honigsüßem Duft, sie wirken vielmehr durch ihr besonderes „Parfum" und die Gestalt eines Weibchens unwiderstehlich auf artgleiche Insektenmännchen.

Eine entscheidende Rolle fällt bei diesem Täuschungsmanöver dem Duft zu. Gelangt das männliche Insekt – durch den nachgeahmten Sexualduft geleitet – in den Nahbereich der Pflanze, bewirken Form und Farbe der Blütenlippe

Eine Blüte des 1,5 m hohen Blauen Eisenhutes

Eine Blüte der 2-3 m hoch wachsenden Königskerze

zusätzlich eine optische Täuschung. Seine Vollendung findet dieser „Betrug" im Haarbesatz der Lippe. Dichte, Länge und Strichrichtung der Oberflächenbehaarung entsprechen so weit wie möglich der des jeweiligen Partners – also eines Hummel-, Bienen- oder Fliegenweibchens – und sorgen für den Berührungsreiz. Das Fehlverhalten des vermeintlichen Weibchens bei den nun folgenden Begattungsversuchen führt schließlich zur Ernüchterung des irregeführten Freiers. Rasch verläßt das Insektenmännchen die Orchideenblüte – nicht selten „gehörnt", denn beim Aufenthalt auf der Blütenlippe kommt es leicht zum Kontakt mit den Klebescheiben, die die gestielten Pollenpakete tragen. Erliegt das Insektenmännchen später erneut der Verführung einer Ragwurzblüte und entlädt den Pollen dort auf der klebrigen Narbe, so ist das von der Natur angestrebte Ziel erreicht: Die Bestäubung und somit Erhaltung der Art. Doch damit nicht genug der Überraschungen. Wie erst mit Hilfe der in den letzten Jahren entwickelten zoologischen Verhaltensforschung entdeckt wurde, gibt es bei diesen Insekten das Gesetz der „Vormännigkeit": Die Männchen schlüpfen etwa zwei Wochen vor den Weibchen aus dem Ei. Dadurch werden die stimulierten, ahnungslosen Männchen gezwungen, sich den „Ersatzdamen", also den Ragwurzblüten, zu widmen.

Im übrigen lebt keine Pflanzenfamilie auf der Erde, deren bizarre Blütenformen so außerordentlich verschieden sind wie die der Orchideen. Deshalb verlangt auch jede Orchideengattung zur Befruchtung ein ganz bestimmtes, der oft abenteuerlichen Blütenkonstruktion angepaßtes Insekt. Viele Orchideenarten tragen an ihren Blüten einen sehr langen Sporn und können deshalb nur von Nachtfaltern, die über einen langen Saugrüssel verfügen, befruchtet werden. Aber auch Fliegen, Wespen, Tagschmetterlinge, Bienen, Hummeln und Hornissen können Befruchter ganz bestimmter Orchideen sein.

Wie zauberhaft-grotesk, wie phantastisch-fremdartig und absonderlich Orchideenblüten auch immer sein mögen, stets geht es um Fernwirkung mit dem Ziel, Insekten zur Bestäubung anzulocken und damit den Fortbestand der Art sicherzustellen. So dient zum Beispiel der Pantoffel der Frauenschuh-Orchidee mit seinem reusenartig nach innen gebogenen Rand als „Kesselfalle", welche die Insekten zwingt, ihren Weg in die Freiheit an einem der beiden Staubgefäße vorbei zu nehmen. Bei manchen Orchideen ist die Lippe als „Insektenschaukel" ausgebildet, die bei Schwerpunktverlagerung nach innen kippt und das Tier mit dem klebrigen Pollen sicher in Verbindung bringt. Voller Geheimnisse scheinen diese Pflanzen, deren exotischem Zauber, der verbunden ist mit einem Hauch

Nur als junger Pilz eßbar: der Schopftintling

Goldgelbe Koralle mit Helmlingen

Fruchtkörper eines winzigen Schleimpilzes

Extravaganz, mancher besessene Orchideenfreund sein ganzes Leben gewidmet hat. Selbst für Fachleute sind Orchideen Pflanzen der Superlative: Sie stellen die jüngste Pflanzenfamilie mit den wahrscheinlich meisten Arten dar – heute kennt man weltweit etwa 25.000. Sie sind am weitesten verbreitet, haben die kleinsten Samen, die extremsten Standorte, die formenreichsten und kleinsten Blüten und sie zählen zu den am längsten blühenden Pflanzen. Selbst geschnittene Orchideen welken meist erst nach mehreren Wochen.

Vermutlich gibt es keinen Menschen, der alle 25.000 bisher entdeckten Orchideen-Arten selbst gesehen hat. Wenn man nur die bekannten Arten Revue passieren läßt, zeigt sich eine verwirrende Vielfalt. Diese ist aus nur zweimal drei Blütenblättern und Farbtönungen entstanden! Und dabei verletzt keine der unübersehbar vielen verschiedenen Orchideenblüten die Regeln des Geschmacks, was die Formen und Farben betrifft.

Schier unerschöpflich ist, wie es scheint, die Palette der Blütenfarben: bald sanft, bald schwelgend in flammenden Tönen. In allen Nuancierungen zeigen Orchideenblüten Blau und Rot. Bisweilen leuchtet die Blütenlippe blutig zwischen lilienweißen Blättern, die Blütenhülle ist gestreift oder getupft, und ihre Ränder sind zart umsäumt wie von kostbaren Filigranspitzen. Hier eine Orchidee im samtenen Braun, dort – wie etwa das bleiche Waldvögelein – in makellosem Weiß, wie aus geschmeidigem Wachs geformt. Manche Knabenkrautgewächse sind von eigenartigem Lila, das aus reinem Weiß kommt und in einem knalligen Karminrot untertaucht. Ähnlich der Vorgang bei Gelb, eine der häufigsten Orchideenfarben. Es ist zunächst rein, wandelt

Die Nahrung der Waldohreule, deren Wutschrei an lautes Gebell erinnert, besteht fast nur aus Wühl-, Wald-, und Feldmäuse

sich dann über rostfarbene Nuancen zu Rot, um ein andermal in Eierschalenweiß auszuklingen. Oft sind Blüten und Blätter in der Farbe gleich, nämlich Grün – zum Beispiel bei dem Großen Zweiblatt –, und sei es nur in Punkten, Flecken und Strichen.

Wer – auch in unseren Breiten – das Abenteuer der Orchideensuche einmal begonnen hat, wird davon nicht mehr loskommen. Mit jedem Jahr schärft sich der Blick, nimmt die Ahnung oder Gewißheit zu, wo etwa diese oder jene Art anzutreffen sein mag. Man lernt die Arten und ihre oft eigenartigen Variationen besser kennen, kann Bastarde und Unterarten bestimmen.

Oder aber man versenkt sich in die Schönheit der eigenartigen Blütengesichter dieser wunderbaren wilden Pflanzengeschöpfe. Die Zwiesprache mit der Orchidee kann den Blick öffnen für die allgegenwärtige Bedrohung des Lebens durch Unverstand, Gleichgültigkeit und Gewinnsucht. Sie soll die Erkenntnis bringen, daß es in des Menschen Hand gelegt ist, ob die Wunder der Natur auch in fernen Jahren noch da sind, oder ob wir sie dann nur noch auf Fotos wie diesen sehen können. Zwiesprache mit den Orchideen soll Ehrfurcht vor dem Leben, seiner Schönheit und seinen Wundern wecken. Alle, ausnahmslos alle Orchideen stehen unter strengem Naturschutz. Die unerschöpfliche Fülle an Variationsmöglichkeiten sollte uns nämlich nicht darüber hinwegtäuschen, daß die Bestände unserer heimischen Orchideen keineswegs unerschöpflich sind. Was uns noch geblieben ist, können wir nur erhalten, wenn wir unserem Sammeltrieb Zügel anlegen und die Edelsteine im Reich der Pflanzen dort bewundern, wo sie hingehören: an ihrem natürlichen Standort.

Wippt mit dem Schwanz wie ein Zaunkönig: Steinkauz

129

An Bächen und Flüssen des Frankenwaldes fühlt sich der Eisvogel noch wohl

Kapitel 7

Im Tal der blauen Königsfischer

Der Frankenwald

Die Engländer nennen ihn Königsfischer, den „fliegenden Edelstein" mit dem langen schwarzen Bajonettschnabel: Dunkelmeergrün an Schultern und Flügeldecken, oberseits türkisblau, unterseits lebhaft zimtrot, an Kinn und Kehle elfenbeinweiß, meerblaue Spitzenflecken zieren Kopf und Flügel. Der etwa starengroße Vogel fliegt mit 90 Stundenkilometern schnell wie ein Pfeil, kann mit schwirrenden Flügeln in der Luft stehenbleiben wie ein Hubschrauber, und – kopfüber – einen Meter tief in eiskaltes Wasser tauchen. Jahrtausendelang grübelte der Mensch über dem Geheimnis der Eisvögel, aber erst jetzt gelingt es der Wissenschaft, mit Hilfe der Fotografie den Schleier ein wenig zu lüften. Man weiß inzwischen auch: Durchschnittlich viermal muß der bunte Vogel tauchen, um einmal erfolgreich zu jagen.

Die himmelblaue Tauchmaschine

Sie könnten aus der Tropenherrlichkeit Indiens stammen, die himmelblauen Pfeile mit der schwarzen Spitze. Sowohl in der Färbung als auch durch ihre Gestalt fallen diese „fliegenden Edelsteine" derart aus dem Rahmen der hierzulande üblichen Vogelwelt, daß die bloße Anwesenheit der Eisvögel eigentlich schon ein Wunder ist. Doch die blauen Königsfischer gehören in unsere Landschaft, auch wenn ihre Sippe wie kaum eine andere um ihre Existenz kämpfen muß. Nicht nur in der Bundesrepublik, wo Bach- und Flußbegradigungen fast schon zum guten Ton gehören, sondern in ganz Mitteleuropa gehen die Bestandszahlen in erschreckendem Maße zurück. Nur an den Bach- und Flußufern im zonengrenznahen Frankenwald haben die akrobatisch gewandten Fischjäger ihre Kopfzahl halten können. In den meist noch klaren Gewässern dieser waldreichen Landschaft zwischen Kronach, Hof und Kulmbach fühlen sich die bunten Taucher offenbar wohl.

Der Eisvogel wird nur etwa 16,5 Zentimeter groß und wirkt ruhend eher plump als elegant. Der dicke, runde Kopf ist mit einem fast 4 Zentimeter langen dolchartigen Schnabel bewehrt, der bei erwachsenen Männchen durchgehend dunkel ist, bei den Weibchen unterseits leicht rosa scheint.

Trotz seiner auffällig schillernden Farbenpracht wird der Eisvogel selten zu entdecken sein, denn sein Lebensraum sind mit dichter Vegetation bestandene Bach- und Teichufer, wo das Blau seines Federkleides eher tarnend wirkt. Nur der charakteristisch kurze Pfiff verrät den Standort des kleinen Jägers oder die zimtrot leuchtende Unterseite seines Bauches, wenn er im tiefen Horizontalflug rasant über eine offene Wasserfläche jagt.

Eisvögel sind anderen Artgenossen gegenüber äußerst aggressiv. Paare verteidigen ihr Jagd- und Brutgebiet energisch, jedoch nicht unüberlegt.

Selten trifft man mehrere Eisvögel so dicht beisammen, da die Jungen bald nach dem Flüggewerden die Eltern verlassen

Eisvögel sind aufmerksame Beobachter...

...geduldige Ansitzjäger...

einen kleinen Fisch, der mit dem Kopf voran schnabelgerecht angeboten wird. So galant und vielversprechend fleißig wie vor der Hochzeit ist das Eisvogelmännchen auch in der folgenden Zeit, denn für eine neue Generation zu sorgen ist für die prächtigen Vögel eine kräftezehrende Angelegenheit, die nur gemeinsam erfolgreich durchgeführt werden kann. Das Eisvogelpaar benötigt zum Nestbau möglichst eine senkrechtsteile Uferböschung, wie es sie nur noch an unbegradigten und mäandernden Bach- und Flußufern gibt.

Den von ihnen ausgewählten Platz fliegen sie immer wieder an und schlagen mit dem Schnabel so lange Bröckchen aus dem Erdreich, bis eine Aussparung entsteht, die ihnen ein Anklammern mit den Füßen ermöglicht. Abwechselnd bearbeiten sie die Stelle mit dem Schnabel solange weiter, bis ein Loch entstanden ist. Von diesem Augenblick an übernimmt einer der Vögel die Bewachung der Arbeit außerhalb der entstehenden Röhre, um bei drohender Gefahr warnen zu können. Der andere Partner arbeitet weiter an der Vertiefung und schaufelt die losgeschlagene Erde rückwärts mit den Zehen hinaus. Dabei bewährt sich die sinnvolle Konstruktion der drei Vorderzehen. Sie sind bis zu einem Drittel zusammengewachsen und die entstandene Verbreiterung der Sohlenfläche erleichtert die mühsame Arbeit.

Nach etwa einer Woche, je nach Bodenbeschaffenheit mit kleinen Zeitabweichungen, ist die Erdröhre fertiggestellt. Sie verläuft ca. 90 Zentimeter weit leicht aufwärts gerichtet. An ihrem Ende liegt das eigentliche Nest, die Brut- und Aufzuchtkammer, die etwa doppelt so breit und hoch ist wie der zuführende Gang. Obwohl keine Niststoffe herbeige-

Hat sich ein fremder Vogel in ihrem Territorium eingestellt, warten sie und belauern ihn geduldig, bis er unachtsam wird. Dann stürzen sie sich pfeilschnell auf ihn und stoßen ihn von seinem Ansitz. Außerhalb der Brutzeit sind sie sogar Einzelgänger, die noch nicht einmal den Partner des Vorjahres in ihre Nähe lassen. Erst im Frühjahr zieht es sie wieder zueinander und das Männchen wirbt im Balzflug und heftig rufend um seine künftige Partnerin.

Vor der Paarung überreicht er ihr

Blitzschnell stürzt der Eisvogel ins Wasser...

schafft werden, ist für eine ausreichende Polsterung der Höhle gesorgt. Die Eisvögel würgen nämlich die Gräten und Schuppen der verzehrten Stichlinge und Weißfische als Gewölle aus. Diese Knochensubstanzen sind soweit angedaut, daß sie weich und nachgiebig sind, manchmal zerfallen wie Asche. Diese originelle Ausstattung der Nisthöhle ist gleichzeitig ein Kissen für die Eier, von denen das Weibchen sechs bis acht auf den nackten Boden der Brutkammer legt. Sie sind reinweiß, da eine Tarnung vor

Feinden in der Dunkelheit nicht notwendig ist. Das Gelege wird von beiden Eltern ca. 21 Tage bebrütet, und beide teilen sich auch danach die Aufzuchtarbeit ihrer Jungen.

Der Nachwuchs ist in den ersten Lebenstagen noch nackt und blind, wächst jedoch rasch, und bereits nach einer Woche sind die dunklen Federkiele erkennbar. In der drangvollen dunklen Enge der Bruthöhle müssen die Fütterungen durch die Altvögel nach Gesetzen vor sich gehen, die

...und verschwindet in einer Spritzfontäne

Im Durchschnitt muß der Eisvogel 4–5mal zustoßen, um einmal einen Fisch zu erbeuten

Wie ein Flaschenkork wieder aufgetaucht

Die farbenprächtigen Schwingen des Eisvogels

gewährleisten, daß jeder Jungvogel zu seinem Recht kommt. Gefüttert wird jeweils das Jungtier, das der Einschlupfröhre am nächsten steht. Hat es gefressen, spritzt es seinen Kot in den Gang, und macht dem nächsten seiner Geschwister Platz, das nun seinerseits auf den nächsten Besuch der Eltern wartet – vergleichbar mit einem langsam drehenden Karussell. Da die alten Eisvögel den Kot ihrer

Der Eisvogel – ein „fliegender Edelstein" ▷

Mit einem zappelnden Fisch aufgetaucht ▷▷

135

Mit der Beute im Bajonettschnabel fliegt der Eisvogel zur Bruthöhle, die er fast einen Meter tief in die Uferböschung gräbt

Fische bis 7 cm Länge verschlingt der Eisvogel ohne große Mühe, bis zu 10 cm schafft er sie mit einiger Anstrengung

Alle unverdaulichen Teile der Nahrung – Gräten, Fischschuppen, Chitinreste von Insekten – werden als Gewölle ausgewürgt

Kinder nicht entfernen, wird die Einschlupfröhre im Laufe der Aufzuchtszeit zu einer übelriechenden, schleimigen Rutschbahn, durch die sie viele Male am Tag hindurch müssen. Deshalb säubern die Alten sich jedesmal nach Verlassen des Nestes, nehmen kurze Tauchbäder oder auch ausgiebige Vollbäder, bei denen das Gefieder kräftig durchnäßt wird.

Nach drei Wochen sind die Jungvögel voll befiedert und üben bereits in der Höhle mit den Schwingen. Nach wei-teren drei bis vier Tagen verlassen sie das Nest und verteilen sich in Zweier- oder Dreiergruppen im Eigenbezirk ihrer Eltern. Bereits am ersten Tage in der neuen Umwelt beginnen sie mit ihren Jagdübungen. Da die Hauptbeute der Eisvögel Fische sind, müssen sie also schon bald das nasse Element beherrschen lernen.

Der Eisvogel überwacht sein Jagdrevier von einem Ansitz aus. Er bevorzugt Äste, die frei über Wasserflächen ragen und von denen er unge-

So wird ein Fisch totgeschüttelt

142

Obwohl Eisvögel seit einiger Zeit ganzjährigen Schutz genießen, werden sie heute immer noch illegal verfolgt

hindert beobachten und seinen Flug starten kann. Geduldig verharrt er regungslos, bis er einen Fisch erspäht hat. Der kleine Vogelkörper strafft sich und wird ganz schmal – wahrscheinlich um Luft aus dem Federkleid zu pressen, die beim Eintauchen in das Wasser zu viel Auftrieb geben würde. Dann stürzt er sich kopfüber der Wasseroberfläche entgegen und durchstößt sie in senkrechtem Flug. Der Schnabel ist dabei bereits geöffnet und die Nickhaut – das dritte Augenlid – schützend über dem Auge

geschlossen. Kurz über der Beute wird die Dynamik der Bewegung durch Öffnen der Flügel abgefangen und der Fisch mit dem Schnabel gepackt. Der Auftrieb schnellt den leichten Vogelkörper wieder zurück wie einen Korken, und bereits beim Durchbruch durch die Wasseroberfläche startet der Eisvogel zu seinem Rückflug auf den Ausgangspunkt.

Nicht nur die Jagd vom Hochsitz aus wird beherrscht, sondern auch die aus schwirrendem Rüttelflug. Dabei fliegt

der Vogel auf der Stelle in der Luft, den Kopf spähend auf die Wasseroberfläche gerichtet. Wie bei manchen Greifvögeln üblich kann auch der Eisvogel dadurch ein größeres Gebiet kontrollieren, ohne auf einen Ansitz angewiesen zu sein.

Eisvögel erbeuten in der Regel kleine und kranke Fische. In vielen Gebieten stellen Stichlinge ihre Hauptnahrung dar. Nach erfolgreichem Beuteflug wird das Fischchen mehrmals gegen eine harte Unterlage geschlagen, bis

143

Vor der Fütterung: Mundgerechte Zubereitung

es sich nicht mehr bewegt. Stichlinge erfahren eine Sonderbehandlung, da die aufrechten, feststehenden Stacheln den Vogel beim Schlingakt verletzen könnten; der Fisch wird so lange bearbeitet, bis sich die Stacheln aus den Gelenken gelöst haben und damit „entschärft" sind.

Der Fisch wird immer mit dem Kopf voran verschlungen. Ein Eisvogel, der ihn andersherum trägt, beabsichtigt, ihn entweder seinem Weibchen als Brautgeschenk zu überbringen oder an seine Jungen zu verfüttern.

Wie häufig ein Eisvogel am Tage seine Tauchstöße durchführen muß, hängt von seiner Geschicklichkeit ab und davon, ob er eine Brut zu versorgen hat. Manchmal muß er mehr als einhundertmal unter Wasser tauchen, um den Tagesfutterbedarf von nur wenigen Gramm zu decken. Eine Durchnässung verhindert dabei die feine Struktur des Gefieders, das durch Drehungen der Federstrahlen in verschiedene Richtungen ein Feingitter bildet. Die Federn werden mit dem Bürzeldrüsensekret gepflegt, das aus verschiedenen Fettsäuren und Alkoholen zusammengesetzt ist. Der Vogel entnimmt es mit dem Schnabel der Bürzeldrüse, die auf den letzten Schwanzwirbeln sitzt und streicht es in das Gefieder; hier wirkt es ordnend und verhindert Abnutzung.

Eisvögel sind standorttreu und bleiben gerne in vertrauten Gebieten. Die Jungvögel müssen den Eigenbezirk der Eltern jedoch verlassen, wenn sie selbständig genug geworden sind, denn die Nahrungsgrundlage eines Eisvogelterritoriums würde für eine größere Anzahl der Tiere nicht ausreichen. In strengen Wintern, wenn Bäche und Teiche zufrieren, gehen auch die Alten auf Wanderschaft und versuchen, offene Wasserflächen zu finden. Ge-

Fische werden stets mit dem Kopf voraus an einen jungen Eisvogel verfüttert

Jungvogel bettelt um Nahrung

Mit dem Kopf voraus wird die Beute verschlungen

lingt ihnen das nicht, gehen sie zugrunde. Außergewöhnlich harte Witterungsbedingungen können zur Folge haben, daß mehr als die Hälfte des Eisvogelbestandes stirbt. Diese durch die Natur hervorgerufenen Verluste können jedoch innerhalb weniger Jahre wieder aufgeholt werden, da Eisvogelpaare in günstigen Gebieten mehrere Generationen in einer Brutsaison großziehen, die die freigewordenen Gebiete besetzen.

Bedauerlicherweise werden die herr-lichen Vögel auch heute noch in vielen Gegenden von Fischteichbesitzern als Schädlinge verfolgt, obwohl sie sich bei ihrer Jagd auf kleine und kranke Fische spezialisieren und dadurch für einen gesunden Fischbestand sorgen. Verschmutzung von Gewässern, Fluß-begradigungen, durch die Brutmög-lichkeiten und Nahrungsgrundlage verlorengehen, aber auch Massentou-rismus an letzten naturbelassenen Flüssen, Bächen und Seen machen den Eisvögeln das Überleben immer schwerer.

Für die Gefiederpflege wird viel Zeit geopfert

Im lichten Schatten der Flaumeiche gedeihen wärmeliebende Blumen und Pflanzen

Kapitel 8

Buntes Leben im Trockenwald

Der Kaiserstuhl

Der Kaiserstuhl, ein landschaftliches Juwel in der Oberrheinischen Tiefebene, erhebt sich als mächtig herauspräparierte Vulkanruine zwischen Schwarzwald und Vogesen. Wo einst flüssige Lava aus der Erde quoll, leben heute im lichten Schatten südländischer Flaumeichen zahlreiche Pflanzen und Tiere, die auf dem Territorium der Bundesrepublik normalerweise selten oder überhaupt nicht vorkommen. Die bekanntesten Vertreter dieser mittelmeerischen Raritäten sind die Smaragdeidechse, die Gottesanbeterin und die bunten Bienenfresser. Man stößt auf Edelkastanien und prächtige Orchideen und kann – mit viel Glück – der Blauracke begegnen. Es ist jedoch zu befürchten, daß durch unsinnige Flurbereinigungsarbeiten der Kaiserstuhl seiner letzten Naturwunder bald beraubt sein wird.

Schatzinsel im Rheintal

Im Schutze von Schwarzwald und Vogesen hat sich der majestätisch im weiten Rheintal thronende Kaiserstuhl zu einer Wärmeoase besonderer Art entwickelt. Bei intensiver Sonneneinstrahlung werden an den zum Teil kahlen Berghängen dieser mächtigen Vulkanruine Bodentemperaturen von beinahe 70 Grad Cerreicht. Kein Wunder, daß Pflanzen und Tiere aus Südeuropa unter den hier herrschenden, fast mittelmeerischen Klimabedingungen Brückenköpfe und vorgeschobene Verbreitungsinseln gebildet haben. Während vieler Jahrzehnte war der knapp 100 Quadratkilometer große Kaiserstuhl aufgrund seines biologischen Kuriositätenkabinetts ein Treffpunkt für Naturfreunde aus vielen Ländern der Erde. Seit jedoch im Zuge einer tiefgreifenden Landschaftsumgestaltung Planierraupen, Großraumschürfkübel und Vibrationswalzen dinosaurierhafte Spuren in den gelbbraunen Lößboden graben, und die einst romantischen Weinbergterrassen – zugunsten einer effektiveren Rebsaftproduktion – heute bereits riesigen Festungsanlagen gleichen, wurden die einst üppig vorhandenen Natur-Kleinodien auf immer kleinere Lebensräume zurückgedrängt. Läßt der Drang zur Rationalisierung in Zukunft nicht nach, könnte schon in wenigen Jahren eine der letzten natürlichen Schatzinseln Deutschlands völlig zerstört sein.

Die Kämme des Kaiserstuhls überzieht vorwiegend Buchen-Eichen

Dohlengroß: Der Wiedehopf nistet gern in Baumhöhlen

Der amselgroße Pirol hängt sein kunstvoll geflochtenes Nest in eine Astgabel und zi

Pirolmännchen nimmt Kotballen in Empfang

Wald, der nur von kleineren Kiefern- und Robinienwäldchen unterbrochen wird. In den unteren Lagen trifft man dagegen die Flaumeiche an, die hier größere Bestände bildet. Unter allen Laubbäumen erträgt dieser kleinste und besonders tiefwurzelnde Eichen-Vertreter am ehesten trockene Wärme. Flaumeichenbestände bilden am Kaiserstuhl vor allem Buschwerk, das häufig in Steppenheide übergeht. Im Flaumeichengebüsch findet man seltene mittelmeerische Halbschattengewächse wie den exotisch anmutenden Dingel, der zu den Orchideengewächsen gehört. Die weiße Graslilie, deren Blüten einen Durchmesser von 5 cm erreichen, sowie die Stauden des Diptam sind ebenfalls Begleiter der trockenen Flaumeichenwälder.

Eine rätselhafte Blumengestalt ist dieser Diptam, der seinen fremdklingenden Namen der Eindeutschung des lateinischen Wortes Dictamnus verdankt, das wiederum von dem Berg Dicte auf der Insel Kreta abgeleitet ist. Halb Strauch, halb Blume, mit aromatisch duftender Wurzel und einem zitronenähnlichen Blütengeruch, der Stengel mit würzigen Öltröpfchen behaftet, macht der „Brennende Busch" seiner Volksmundbezeichnung alle Ehre. An heißen Tagen verdunsten die in allen Pflanzenteilen enthaltenen Öle so stark, daß es bei Windstille über dem Diptam angezündet werden kann.

In den Laubwäldern des Kaiserstuhls kann man im Mai/Juni einen Vogel hören, der trotz seiner Farbenpracht nur wenigen Menschen vom Ansehen her bekannt sein dürfte. Wegen seiner späten Rückkehr aus seinem Winterquartier in Südostafrika wird der geniale Flötist auch Pfingstvogel genannt. Er hält sich überwiegend in

Selten geworden: Bunter Erdflechten-Verein ▷

Ende Juni seine Jungen groß

Die Verschiedenheit der Geschlechter äußert sich bei dieser Röhrenspinne (Eresus niger) in der Größe, aber vor allem in der starken Farbigkeit des Männchens, dessen Hi

Die Hochzeit...

...findet auf weicher Seide...

...in einer dunklen...

... n auffälliger Weise einem Marienkäfer ähnelt

... Erdröhre statt

dichtbelaubten Baumkronen auf, und nur der laute wohltönende Ruf verrät seine Anwesenheit. Das Männchen trägt ein leuchtend gelbes Gefieder, die Flügel sind tiefschwarz, der Schwanz ist schwarz und gelb, der Schnabel rötlich angehaucht. Das Weibchen und die flüggen Jungvögel dagegen sind schlicht graugrün. Seine Flötenstimme – „düdlio, düdlio" – brachte dem drosselgroßen Vogel den Namen Pirol ein.

Neben Wiedehopf und Uferschwalbe,

Zaun- und Zippammer, läßt die – in den letzten Jahren allerdings selten gewordene – Begegnung mit einem Bienenfresser das Herz eines jeden Vogelfreundes höherschlagen. Vor einem halben Jahrhundert gab es noch Bienenfresser-Kolonien, in denen 60–70 Pärchen ihre bis zu zwei Meter tiefen Brutröhren in die bröckelnden Lößwände gruben. Heute muß man Glück haben, will man mal

Bienenfresser halten nach Beute Ausschau ▷

Von den Weinbergmauern schießt sie gleich einem bunten Pfeil meterweit zwischen die Reben: die Smaragdeidechse

Die dohlengroße Blauracke oder Mandelkrähe – hier mit erbeuteter Gottesanbeterin – ist selten geworden im Kaiserstuhl

Die heuschreckenähnliche Gottesanbeterin – hier beim Verzehren eines Beutetieres – hat ihre Verwandtschaft in den Tropen

Seltsame Angewohnheit: Häufig enthauptet die Gottesanbeterin das wesentlich kleinere Männchen während der Hochzeit

Schwebfliege beim Nektarsaugen

ein paar dieser exotisch bunten Tiere zu Gesicht bekommen, die zu den farbenprächtigsten Vögeln der Welt zählen. Mit einer Flügelspannweite von 45 cm jagen die „afrikanischen Schwalben" nach Wespen und Hornissen, Hummeln und Libellen, und – entgegen der landläufigen Meinung vieler Imker – nur selten nach Honigbienen. Erbeutete Insekten schlagen die den Eisvögeln nahestehenden Bienenfresser mehrmals auf eine harte Unterlage und kneten sie solange, bei der Stechapparat nicht mehr funk-

Schlupfwespen-Glasflügler

Bienenwolf mit erbeuteter Biene

Kameraobjektiven gleich halten die Linsen dieser Springspinne nach Beute Ausschau

tionsfähig ist. Nach mehrmaligem Hochwerfen wird das Insekt schließlich verschluckt. Die unverdaulichen Chitinreste werden als Gewölle wieder erbrochen und als Polster für die schneeweißen Eier in der Nisthöhle verwendet.

Die im Kaiserstuhl anzutreffende Gottesanbeterin, die zu einer in den Tropen weitverbreiteten etwa 1600 Arten umfassenden Insektenfamilie gehört, hat – entgegen ihrer auffälligen Namensgebung – die seltsame Angewohnheit, das wesentlich kleinere Männchen häufig kurz vor oder kurz nach der eigentlichen Hochzeitszeremonie zu enthaupten und zu fressen. Schreitet die Gottesanbeterin – ihr Name bezieht sich auf die typische Lauerstellung, in der die langen, zu Fangbeinen spezialisierten Vorderbeine wie in der Gebärde einer Betenden an den Körper angewinkelt sind – noch vor der Begattung zur Tat, wird das kopflose Männchen dadurch nicht abgehalten, seine ihm von der Natur zugedachte Aufgabe zu erfüllen.

Wespenspinne mit Eikokon

Lautlose Schemen im Erlenbruchwald – die Dülmener Wildpferde

Kapitel 9

Die letzten wilden Pferde

Merfelder Bruch bei Dülmen

Ihre Vorfahren lebten in den eiskalten Steppen und Bergländern Innerasiens, wo im Winter die Temperaturen unter 50 Grad sinken. Auch heute noch bringen sie Jahr um Jahr ihre Fohlen allein zur Welt und streifen mit ihnen durch die 200 ha große Moor- und Waldwildnis im Meerfelder Bruch. Hier, am Rande der Industriezentren von Rhein und Ruhr, unweit der westfälischen Stadt Dülmen, befindet sich das einzige Wildpferdgestüt Europas. Bereits 1360 werden die freilebenden Primitivpferde dieses Gebietes in einer Urkunde erwähnt. Die Tiere der 200-köpfigen Herde leben bei Wind und Wetter unter freiem Himmel und sind innerhalb der eingezäunten Wildbahn völlig sich selbst überlassen. Auch mit Hunger und Krankheit müssen sie allein fertig werden.

Wildlinge aus dem Bruchwald

Noch vor etwas mehr als 5000 Jahren war das Pferd für den Menschen nichts anderes als Fleischlieferant. Die wildlebenden Herden, die in Familienverbänden Grassteppen und lichte Wälder durchstreiften, wurden gejagt und waren willkommene Bereicherung seines Speisezettels. Die Jäger lernten jedoch bald Kraft und Ausdauer des Pferdes schätzen, Eigenschaften, die in vielfacher Hinsicht nutzbar gemacht werden konnten. So wurde das Wildtier gefangen und gezähmt, trat in enge Beziehung zum Menschen und wurde Haustier. In der Folgezeit nahm das Pferd entscheidenden Einfluß auf die Weltgeschichte. Als schnelles Reit- und Zugtier eröffnete es dem langsamen Zweibeiner neue Siedlungsgebiete; gutes Pferdematerial war ausschlaggebend für erfolgreiche Kriegszüge, und als Partner für Sport und Vergnügen erfreute es sich bei Reitervölkern schon früh größter Beliebtheit.

Unter dem Druck von Mensch und Hauspferd wurden die Wildpferde in immer unwirtlichere Gegenden zurückgedrängt. Eines der letzten Rückzugsgebiete für die kleinen Wildlinge mit der charakteristisch bürstenartig aufrechtstehenden Mähne, dem Aalstreifen über Rücken und Kruppe, und dem wuchtigen, ramsnasigen Kopf waren die unwegsamen Brüche des Münsterlandes. Dort, wo Kreidekalke und -sandsteine das Landschaftsbild prägen, wo Heide, Heideseen und Moore mit vielartiger Vegetation eine

Pferde in freier Wildbahn

164

Ein Bild, das das Herz jedes Pferdefreundes höherschlagen läßt: Dülmener Wildling

Beim Gähnen ist das Gebiß weit geöffnet und die Lippen gerümpft

Junge Wildfohlen

Hochträchtige Stute

Parklandschaft einmaligen Charakters schufen, lagen ihre letzten Refugien in Mitteleuropa.

Doch schon zu frühen Germanenzeiten gesellten sich zu den Herden der Wildpferde entlaufene Bauern- und Kriegspferde, mit denen sie sich kreuzten. Es entstand ein anspruchsloser Pferdeschlag, dessen wirtschaftlicher Nutzen von Gutsherren und Bauern der Umgebung bald erkannt wurde. Die Gebiete, in denen sie lebten, nannte man Wildbahnen oder Wild-

So fühlt sich das Fohlen am wohlsten

Schon Fohlen üben sich in der sozialen Hautpflege

Hengst trifft auf den Geruch einer rossenden Stute

Früh wird um die Stellung in der Herde gekämpft

Das Fohlen säugt bis zur nächsten Geburt

gestüte. Eines der bekanntesten Areale liegt 12 Kilometer von Dülmen entfernt, im Merfelder Bruch.

Seine Geschichte läßt sich bis in das Jahr 1316 zurückverfolgen. Zu dieser Zeit sicherten sich Johannes de Lette und Hermann de Merfeld außer der Jagd und der Fischerei auch das Recht an den wilden Pferden. Zwischen 1840 und 1850 mußte das Gebiet durch die

Zwillinge ▷

Absolute Sicherheit findet das Pferd vor allem auf der Flucht im eng zusammengeschlossenen Herdenverband

Vor 5000 Jahren noch Fleischlieferanten

Markenteilung verkleinert werden. Dem Herzog Alfred von Croy ist es zu verdanken, daß damals ein einmaliges Naturdenkmal vor der Vernichtung gerettet wurde, denn er ließ die letzten Pferde einfangen und in ein umfriedetes Gelände von ca. 200 ha bringen.

Hier leben die Wildlinge auch heute noch nahezu ungestört und unbeeinflußt von Menschenhand. Sie kennen nicht den Zwang von Sattel und Zaumzeug und keinen Stall, sondern erfahren die Jahreszeiten wie ihre Ahnen ohne Schutz vor den härtesten Witterungseinflüssen. Nur wenn starke Schneefälle jede natürliche Nahrungsgrundlage entziehen, erhalten sie ein Überbrückungsfutter aus Heu und Stroh. Über Leben und Tod entscheidet kein Tierarzt, sondern als strenger Regulator der Winter, der im Münsterland naßkalt und kräftezehrend ist. Das Frühjahr erleben nur die kräftigsten Pferde; so haben sich die „Dülmener" zu einer der härtesten und anspruchslosesten Pferderassen entwickelt.

In der Herde, die im Durchschnitt mit ihrem Nachwuchs 170 bis 200 Tiere zählt, unterscheiden sich drei Hauptfarbschläge deutlich voneinander. Mausgraue Pferde mit dunklem Aalstrich lassen den Einfluß des südrussischen Tarpans vermuten. Die dunkelbraunen mit dem hellen Maul gleichen dem Exmoorpony, das in Südengland beheimatet ist und sich in Gestalt und Fellfarbe seit der Eiszeit nicht verändert hat. Die hellen gelbbraunen (Falben) gehen zurück auf das mongolische Przewalskipferd, das nach seinem Entdecker N. M. Przewalski benannt wurde.

Das Verhalten der Pferde im Mer-

In der Morgendämmerung ▷

Dülmener Wildpferde im Merfelder Bruch

felder Bruch ist noch so urtümlich, wie das ihrer wildlebenden Vorfahren. In der Herde, dem großen Verband, regelt sich ihr Sozialverhalten instinktiv nach ererbten Gesetzen. Nicht der Hengst ist der alles beherrschende Leiter der übrigen Pferde; seine Aufgabe besteht lediglich darin, die Stuten vor anderen Hengsten zu verteidigen (die es hier jedoch nicht gibt) und zu kontrollieren, ob eine der ihm anvertrauten Damen rossig, d.h. empfängnisbereit ist. Er bleibt auch nur von Mai bis Ende September bei der

Herde und wird nach der Erfüllung seiner Pflichten als Erzeuger einer neuen Generation von der Herde abgetrennt.

Der Ablauf des Tagesrhythmus wird von den alten und erfahrenen Stuten bestimmt, die innerhalb der Herde Gruppen gebildet haben. Diese Familien haben eine Größe von fünf bis zu maximal dreißig Tieren und führen ein Eigenleben mit ausgeprägter Rangordnung. Auf den weiten Äsungsflächen läßt sich die hierarchische Struk-

tur der Herde leicht erkennen. Die Pferde bilden nicht eine große zusammenhängende Masse, sondern grasen in Gruppen, mehr oder weniger deutlich voneinander getrennt. In dem engen Zusammenhalt der Familie werden auch die Fohlen geboren, meist in den Monaten Mai und Juni.

Da sich die Herde ununterbrochen auf Futtersuche befindet, müssen auch die Jungtiere schon nach kürzester Zeit in der Lage sein, sich der Mutter anzuschließen. Bereits zehn Minuten

Wilder Hengst im Dunst des frühen Morgennebels

Ruhe im schützenden Wald

nach der Geburt machen sie auf noch unsicheren Beinen ihre ersten Schritte und finden sicher die kraftspendende Milchquelle. Nur den nächsten Familienangehörigen wird von der Mutterstute erlaubt, den neuen Erdenbürger zu besuchen und zu beschnuppern. Alle anderen neugierigen und fremden Pferde werden energisch mit Bissen und Hufschlägen aus seiner Nähe vertrieben.

In den ersten Lebenstagen bleibt das Fohlen keinen Augenblick unbewacht.

Sorgsam hält sich die Stute während der Ruhephasen in seiner Nähe auf, warnt vor jeder sich nähernden Gefahr. Erst wenn das erste Muskeltraining abgeschlossen ist und der kleine Wildling sicher alle Pferdegangarten beherrscht, darf er sich weiter entfernen. Die Fohlen bilden Spielgemeinschaften, in denen geübt wird, was für das spätere Leben als erwachsenes Pferd vordringlich benötigt wird. Wettrennen sind die häufigsten Kräftevergleiche, denn in freier Wildbahn würde Schnelligkeit auf der Flucht

In freier Wildbahn

vor Feinden über Leben und Tod entscheiden. Die Rangeleien zwischen den kleinen Hengsten erinnern schon jetzt an die Kämpfe der alten, in denen Rangfolge und Vorherrschaft über eine Herde festgelegt werden. Die Stutenfohlen üben Durchsetzungsvermögen mit auskeilender Hinterhand und drohenden Bissen.

Andere Verhaltensweisen müssen nicht erst geübt werden, sondern sind angeboren. Die Fohlen reagieren einem fremdem, drohend erscheinenden Pferd gegenüber mit einer Geste, die angriffshemmend wirkt. Sie signalisieren mit vorgestrecktem Hals, Kaubewegungen und seitlich gerichteten Ohren die Unterlegenheit und Unantastbarkeit des Jungtieres. Freundliche Gesinnung einem Artgenossen gegenüber wird durch vorwärts gerichtete Ohren angezeigt, nach rückwärts gerichtete, angelegte Ohren sind Zeichen für eine unfreundliche Haltung.

Obwohl die Herde der Wildbahn über

Junge Wildlinge

178

Die Brüche Westfalens waren seit Urzeiten ein idealer Zufluchtsort für das Wild – auch für Wildpferde

Schattenrisse

Rauhreiftag

Generationen hinaus mit keinen natürlichen Feinden in Kontakt kam, liegt die Angst vor dem vierbeinigen Raubtier auch heute noch tief in den Tieren verwurzelt. Das auf Defensivverteidigung eingerichtete Fluchttier Pferd nimmt von den aufrecht gehenden Besuchern, die sich an den Wochenenden in der Gehegezone bewegen, kaum mehr Notiz. Ein am Boden hockender oder ein sich auf

Bei Wind und Wetter im Freien ▷

179

Abendfrieden

Händen und Füßen nähernder Mensch wird jedoch mit höchster Aufmerksamkeit beobachtet; er stellt für die Pferde ein Feindbild dar, ein in den Erbanlagen verankertes Alarmsignal für einen angreifenden Säbelzahntiger oder Wolf. Selbst den Pferden vertraute Menschen, die sie aufrecht gehend nahe herankommen lassen, versetzen die Herde in panikartige Flucht, wenn sie sich vor ihren Augen in einen kleinen Vierbeiner verwandeln.

Einmal im Jahr, am letzten Samstag im Mai, wird der Frieden der Wildpferdherde im Merfelder Bruch erheblich gestört. Es ist der Tag, an dem die Öffentlichkeit die meiste Notiz von den Vierbeinern nimmt, der Tag, der für die Jährlingshengste eine entscheidende Änderung in ihrem Leben bedeutet. Denn sie müssen den Familienverband für immer verlassen und werden öffentlich versteigert.

Nahezu 30.000 Menschen finden sich zu diesem spektakulären Ereignis ein, um zu erleben, wie die wogende Masse der Pferdeleiber aus der Wildbahn getrieben wird und mit donnernden Hufen in die Fangarena jagt. Geschickt trennen Fänger die jungen Hengste von den übrigen Tieren ab und stürzen sich mit bloßen Händen auf die Wildlinge. Gegen die kräftigen Burschen haben die Jährlinge keine Chance; sie werden niedergezwungen und bekommen trotz heftiger Gegenwehr ein Halfter übergestreift. Als Zeichen ihrer Herkunft erhalten sie das Brandzeichen mit dem Wappen derer von Croy und werden von ihren künftigen Besitzern von ihrem Geburtsort in ihre neue Heimat gebracht. Die übrige Herde kehrt für ein Jahr in die noch weitgehend ungestörte Ruhe der Wildbahn zurück, in eines der letzten Reservate, in denen Pferde noch nach Pferdeart leben können.

Hier fühlt das Fohlen sich am wohlsten

Die Heide blüht – ein von Menschenhand geschaffenes Naturwunder

Kapitel 10

Das rosenrote Land

Lüneburger Heide

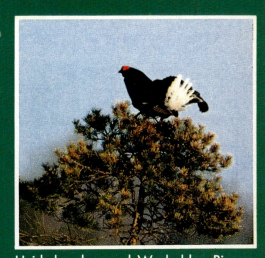

Heidschnucken und Wacholder, Bienenhonig, Katenschinken und Birkhühner, Ödland, Moore und Wälder – dies alles sind wesentliche Merkmale der Lüneburger Heide. Eine Landschaft, so eigenartig, so weit und still, die – wenn auch von Menschenhand „gemacht" – doch eines besonderen Reizes nicht entbehrt. Der bonbonrosa Teppich, den das Heidekraut, durchsetzt von allerlei Zwergsträuchern und seltsam geformten Wacholderbüschen, über die sanften Hügel zwischen Celle und Lüneburg, Uelzen und Soltau breitet, von Hermann Löns in unzähligen Liedern besungen und in Romanen beschrieben – dieses reizvolle Land voller Romantik und Poesie ist einmalig in Europa. Besonders attraktiv ist die Heide zwischen Mai und August, wenn die Landschaft in ein rotes Blütenmeer verwandelt wird.

Wo der Ziegenmelker balzt

Die Lüneburger Heide ist keine naturwüchsige Landschaft, sondern – genaugenommen – ein Krankheitszustand; erst als man die ursprünglichen Eichenbestände für die Feuer unter den Sudpfannen der Lüneburger Saline zum Haus- sowie zum Schiffsbau in Bremen und Hamburg abgeholzt hatte, konnte das Heidekraut die Ödfläche wie mit einem rosaroten tiefen Teppich überziehen.

Eigentlich ist die Heidepflanze gar kein Kraut, sondern ein winterharter, verholzter Zwergstrauch. Auf der Heide blüht auch kein „kleines Blümelein", das „Erica" heißt. Das Heidekraut heißt vielmehr Calluna, „die Schöne", und ist die sogenannte Besenheide oder Edelheide; Erica, die Glokkenheide, ist mit ihren fleischroten Blütendolden viel seltener und wächst meistens nur auf Moorboden. Die Heidschnucken schließlich, jene eigentümlichen Schafe, die wahrscheinlich Mufflonblut in sich tragen, sind dafür verantwortlich, daß der Wald nicht längst schon wieder das Land zurückeroberte. Die Heidschnucken verbeißen alle anfliegenden Sämlinge von Laub- und Nadelhölzern, „entkusseln" dadurch die Heideflächen und halten sie kahl – nur den sehr langsam wachsenden Wacholder, von dem stubenhohe Exemplare mehrere hundert Jahre alt sein können, verschonen sie. In dem Maße jedoch, wie die Schnukkenzucht zurückging – von 770 000 im Jahre 1861 auf knapp 5000 heute –

Birkhähne buhlen um die Hennen

Bei aufgehender Sonne im Moor

Im Winter und zeitigen Frühjahr decken die Birkhühner – hier ein etwa eineinhalb Pfund schweres Birkhuhn – ihren Nahrungsbedarf durch Abäsen von Birken- und anderen L...

drängte der Wald wieder vor. Heute muß man die Heide nicht selten künstlich „entkusseln", denn die wenigen Heidschnuckenherden reichen schon längst nicht mehr aus. Trotzdem sind heute weite Teile der ehemaligen Heide, die einst fast von Hamburg bis Hannover reichte, wieder zu Wald geworden.

Im Herzen der Lüneburger Heide

◁ Eine Landschaft,
  wo sich das Birkwild am wohlsten fühlt

nahm vor rund 70 Jahren der Naturschutzpark-Gedanke erstmals Gestalt an. Als man um die Jahrhundertwende um den Bestand der Heide bangen mußte (der Abbau von Bodenschätzen und großflächige Aufforstungen verschlangen riesige Flächen), gelang es dem Egestorfer Pastor Wilhelm Bode, die schönsten Flecken rings um den Wilseder Berg, vor allem den Totengrund, aufzukaufen. Ein paar Jahre später, im Jahre 1909, wurde der „Verein Naturschutzpark" gegründet, der mit 100.000 Goldmark den Kauf

weiterer Flächen, insgesamt 5000 ha, ermöglichte. Gleichzeitig stellte der Landrat Fritz Ecker aus Winsen (Luhe), als Abgeordneter des Preußischen Landtages, beim Parlament den Antrag, dem Verein „Naturschutzpark" eine laufende Beihilfe zu gewähren, „zur Schaffung eines Naturparks Lüneburger Heide". Dem Antrag wurde stattgegeben, und damit war des berühmten Heidepfarrers Lebensziel endgültig erreicht, das Kernstück der Nordheide, der Wilseder Berg, war gerettet. Später wurde das Areal noch

Gelege des Birkhuhns

um 15.000 ha erweitert. Der erste Naturpark dieses Jahrhunderts war geschaffen.

Wer im Frühjahr die Heide oder das Moor besucht und sich an einen sachkundigen Förster oder Jäger wendet, kann ein ganz besonderes Naturschauspiel genießen: die Birkhahnbalz. Man muß dazu sehr früh aufstehen, um noch vor dem ersten Morgengrauen in einem rechtzeitig vorbereiteten Versteck zu sein, und sich dann vollkommen ruhig verhalten. In der

Morgendämmerung erscheint der erste „Schwarze Ritter" auf dem Balzplatz, räkelt sich und beginnt – die Flügel tief am Boden schleifend – mit kleinen Trippelschritten hin und her zu laufen. Dabei stößt er seltsame Laute aus, die etwa so klingen: „Kulluku-Lulluku-Kulluku". Und dann beginnt der Tanz: Drehen, Verbeugen und Seitwärtsgleiten wechseln mit plötzlichen Luftsprüngen ab, dabei gibt der auf Hals und Rücken dunkelblau schillernde Birkhahn zischende und fauchende Töne von sich. Wie

Mit gesträubten Federn, hängenden Flügeln und hochaufgeschlagenem Stoß balzen die halbmeterlangen Birkhähne

Sie zischen und fauchen, niesen und kollern, springen im Kreis und drehen sich wie wild um die eigene Achse

Nur wenigen Menschen war es jemals vergönnt, diesem Naturschauspiel beizuwohnen, das zum aufregendsten und schönsten zählt, was die freie Wildbahn in unser

„Tschu-huii, Tschu-huii" klingt es. Das alles vollzieht sich nach einem uralten „Ritual", das wie jedes Balzverhalten zur „seelischen" Vorbereitung der Paarung dient.

Tatsächlich ist das sogenannte „Kullern" des Hahnes ein Signalreiz für paarungslustige Hennen. Sie finden sich dann auf dem Balzplatz ein, werden vom Platzhahn heiß umworben,

⊲ Sonnenaufgang in der bereiften Heide

ducken sich schließlich vor ihn hin und lösen damit den Geschlechtsakt aus. Häufig versammeln sich mehrere Birkhähne zur gemeinsamen Balz. Mit vorgestrecktem Hals trippeln sie wie „aufgezogen" über ihren „Turnierplatz" und lassen bei geschlossenem Schnabel und dick geschwollenem Hals ihr gutturales Liebeswerben hören. Dabei spreizen sie den Schwanz, den die Jäger „Spiel" nennen, so hoch und breitgefächert, daß die schneeweißen Unterschwanzdecken im schummrigen Morgenlicht

Kampf der balzenden Hähne

196

eiten zu bieten hat

weithin leuchten. Sobald ein „Konkurrent" dem Platzhahn zu nahe kommt, ist rasch die wildeste Balgerei im Gange. Wuchtig springen sich die mehr als kiloschweren Birkhähne an, picken kräftig nach dem Brustgefieder des Gegners, treten mit vorgehaltenen Füßen, überschlagen sich, drehen sich im Kreise und stürzen sich wieder aufeinander. Wirklich ernsthafte Verletzungen kommen jedoch kaum vor, obwohl im Höhepunkt der Balzzeit stets mehrere Hähne gleichzeitig auf dem Platz

erscheinen und miteinander um die Gunst der Weibchen buhlen.

Wer diese seltsamen Kampfspiele und Liebestänze bei der Birkhahnbalz einmal beobachten konnte, wird sich vielleicht gefragt haben, warum die Männchen so vieler Tiere ihre Brautwerbung ausgerechnet in die Form von tänzerischen Bewegungen kleiden. Tun sie das nur, um den Weibchen zu gefallen? Das wäre nach dem heutigen Erkenntnisstand der Verhaltensforschung eine allzu naive Annah-

me, die den Tieren menschliche Wertmaßstäbe zuschreiben würde. Die anmutigen Tanzspiele – vor allem bei Vögeln und Insekten – sind aber offenbar nichts anderes als der Ausdruck eines gesteigerten überschäumenden Lebensgefühls, das ja zur Balzzeit seinen Höhepunkt erreicht. Völkerkundler und Tierforscher kamen übereinstimmend zu dem Ergebnis, daß der eigentliche Urtrieb

Turnier der „Schwarzen Ritter" ▷

In der Morgendämmerung bereits in voller Fahrt

Eine Feder aus der Brust des Gegners

Kein Kampf auf Leben und Tod, sondern um die Gunst der Hennen

Der Angriff auf das Brustgefieder des Kontrahenten steht im Mittelpunkt der Attacke

Blühendes Heidekraut

des Tanzes zunächst weder eine Absicht verfolgte noch einen besonderen Zweck hatte. Zu gewissen Zeiten und unter bestimmten Voraussetzungen treibt es Mensch und Tier zu rhythmischen Bewegungen. „Tanz", sagte die große Tänzerin Mary Wigmann einmal, „ist jene Äußerung, die man nicht verhindern kann."

In der Heide scheint es in manchen Sommernächten zu spuken, jedenfalls könnte schon so mancher zoologisch unerfahrene Wanderer dieser Meinung sein. Plötzlich ertönen schrille Pfiffe und Peitschenknall. Es folgen seltsame Geräusche, die wie das Schnurren einer Nähmaschine klingen, ein schier endloses „Oerrrr-oerrrr" weht über die vom Vollmond erhellte Heide. Was wie ein gruseliges Geisterkonzert anmutet, gehört zum Liebesspiel der Nachtschwalbe, die mit klatschenden Flügelschlägen durch die Luft wirbelt, dann wieder rüttelnd stillsteht, und schließlich – wie ein dürres Blatt – scheinbar taumelnd und völlig geräuschlos ins Heidekraut gleitet. Hier wird später auch das notdürftig gescharrte Nest mit den beiden weißgrauen, braun und violett-grau marmorierten Eiern liegen.

Der Ziegenmelker, wie der etwa amselgroße Vogel mit dem rindenfarbenen, eulenartig weichen Gefieder auch genannt wird, hat wie kaum ein anderes nachtaktives Tier die Phantasie der Menschen beschäftigt. Nichtsdestoweniger ist die Nachtschwalbe natürlich genauso harmlos wie irgendein anderer Vogel; sie denkt auch nicht daran, den Ziegen nachts die Milch aus dem Euter zu saugen. Wahrscheinlich wurde ihr die Milchräuberei deshalb zugetraut, weil sie zu nächtlicher Stunde auch weidende Tiere

◁ Im Mittelalter wuchsen hier Eichenwälder

Der aromatisch riechende Gagelstrauch, dessen braune Zweige mit gelben Harzpünk

übersät sind

Seine Bühne ist die nächtliche Heide: der Ziegenmelker, dessen seltsames Lied schon manchen Wanderer erschreckte

umschwirrt, um in ihrer Nähe Insekten zu fangen.

Die Nachtschwalbe besitzt einen winzigen – zum Melken völlig ungeeigneten – Schnabel, aber ein tief gespaltenes weites Maul, das – von langen Randborsten umstellt – einem Fangnetz gleicht, dem kaum ein in der Dämmerung oder zur Nachtzeit fliegendes Insekt entgeht. Im Verlauf der

◁ Blaubereifte Beeren und spitze Nadeln: Wacholder
◁◁ Blühende Preiselbeersträucher

nächtlichen Flugjagd sammeln sich im weiten Kehlsack des Ziegenmelkers Käfer und Nachtfalter, Schnaken und Mücken. Wenn der Vogel zum Nest zurückkehrt, umfaßt das erste den Schnabel des Altvogels und läßt sich das Futter einwürgen.

Ist das Wetter kühl und regnerisch, so daß nur wenige oder gar keine Insekten fliegen, muß die Nachtschwalbe fasten. Eine solche Hungerzeit kann etliche Tage und Nächte dauern. Deshalb verfallen diese

Nachtvögel in einen im Reich der Vögel höchst seltenen „Hungerschlaf". Die Tiere werden von einer merkwürdigen Körperstarre ergriffen und erwachen erst zu „neuem Leben", wenn die Witterungsverhältnisse den Beutefang wieder möglich machen. Während der letzten fünfzig Jahre hat sich die Zahl der Ziegenmelker auffällig vermindert. „Vielleicht", so heißt es dazu in „Grzimeks Tierleben", „ist das mit darauf zurückzuführen, daß unsere Sommer kühler und regnerischer geworden und daß die

bevorzugten Beutetiere des Ziegenmelkers deshalb in ihrer Zahl zurückgegangen sind. Der Hauptgrund für die Abnahme der Ziegenmelkerbestände liegt aber wahrscheinlich im Autoverkehr, der ja Jahr für Jahr immer stärker wird und besonders solche Tiere bedroht, deren Fluchtreaktionen auf schnell herankommende Fahrzeuge nicht eingestellt sind.

Tagsüber werden die Autostraßen von der Sonne erwärmt, und in der Abenddämmerung schwärmen über ihnen zahlreiche Nachtinsekten, die dann die Ziegenmelker zur Jagd verlocken. Viele der Vögel werden von Autos überfahren, wenn sie niedrig über die Straße fliegen oder auf ihr sitzen. Ihre Augen schimmern rot im Lichtkegel der Autoscheinwerfer, so daß der Fahrer die Vögel leicht beobachten kann. Doch wenn ein Wagen mit hoher Geschwindigkeit herankommt, ist es schwer, einen Zusammenprall zu verhindern. Die geblendeten Ziegenmelker sind unfähig, rechtzeitig zu flüchten.”

Brütender Ziegenmelker

Wenn man der Sage glauben darf, ging schon Siegfried im Odenwald auf Jagd

Kapitel 11

In den Jagdgründen der Nibelungen

Der Odenwald

Die waldbekrönten Bergkuppen zwischen Michelbach und Miltenberg beherbergen einen üppigen Bestand an Rot-, Dam- und Schwarzwild. Eine aus fürstlichen Zeiten stammende Jagdtrophäensammlung im Schloß der Grafen zu Erbach zählt zu den imposantesten Sammlungen der Bundesrepublik. Wenn man der Sage glauben darf, sind schon Siegfried und die Nibelungen durch die reichen Jagdgründe des Odenwaldes gezogen. Verstreut begegnet man in dieser Landschaft Erinnerungen an die Römerzeit, Reste des Odenwald-Limes, Ruinen von Kastellen und Wachttürmen, in denen einst römische Legionäre im Schatten dieses „durch schreckliche Finsternis Schauder erregenden Waldes" —wie es ein römischer Offizier formulierte —von ihrer sonnenhellen Heimat geträumt haben mögen.

Kühles Bad in der Mittagshitze: Rothirsch

Von Hirschen und Sauen

Der heute noch immer relativ dünn besiedelte Odenwald ist das Land der Nibelungen und war das Jagdrevier der in Worms residierenden Burgunden. In den weiten Bergwäldern, durch tief eingekerbte Täler voneinander getrennt, pirschten Gernot und Giselher, Gunther und Hagen auf Wildschwein und Hirsch, Bär und Auerochs. Hier ritt – wenn man den Heldensagen Glauben schenken darf – auch Siegfrid aus Xanten auf die Jagd: „Ein alter Jäger mit einem guten Spürhund führte Siegfrid an eine Stelle, wo es des Wildes die Fülle gab. Alles, was der Hund aufspürte, machte Siegfrid zu seiner Beute. Ein starkes Wildschwein erlegte er zuerst, dann einen Wisent und einen Elch sowie vier Auerochsen. Dann wurde die Meute der Spürhunde eingefangen und die Strecke aufgelegt, die Jäger aber sagten zu Siegfrid, er möge doch wenigstens einen Teil der Tiere verschonen, sonst gebe es bald kein Wild mehr.”

Einst hausten sie in allen Wäldern, heute kennt man sie nur noch vom Hörensagen, aus Märchen und Fabeln, vielleicht noch von gelegentlichen Zoobesuchen: wilde Tiere wie Luchs und Bär, Wolf und Wisent. Sie alle – und noch viele Tierarten mehr – sind in der freien Wildbahn Deutschlands ausgestorben. Jahrhundertelang hat der Mensch ihnen nachgestellt, sie mit Absicht oder aus Gedankenlosigkeit aus ihren Lebensräumen vertrieben.

Meist wurden sie als „Feinde” betrach-

Sichernde Hirschkuh

Hirschrudel mit Jungtieren

Kapitaler Hirsch

tet – wie etwa Wolf oder Bär – oder weil sie als Nahrungskonkurrenten des jagenden Menschen auftraten, als „Schädlinge", die auszurotten nicht nur legal, sondern angeblich notwendig war. Schon im 18. Jahrhundert verschwanden die Bären aus deutschen Wäldern. 100 Jahre später erwischte es den letzten wildlebenden Luchs.

In der Wolfsschlucht bei Zwingenberg – sie spielt in Webers Oper „Der Freischütz" eine Rolle – gibt es zwar keine Wölfe mehr, aber Rotwild, Damwild und Wildschweine sind dort und anderswo im Odenwald in durchaus stattlichen Stückzahlen vorhanden. Die weitverbreitete Meinung, daß in früheren Zeiten reichere Wildbestände in unseren Wäldern gelebt hätten, ist irrig. Mit großer Sicherheit können wir annehmen, daß unsere Wälder zu keiner Zeit ihrer vieltausendjährigen Geschichte so viel Wild, besonders Hirsche, Rehe und Wildschweine, beherbergt haben wie heute – stadtnahe und verkehrsreiche Reviere ausgenommen. Die Tatsache ist vor allem auf zwei Ursachenbereiche zurückzuführen: das weitgehende Fehlen natürlicher Feinde und die teilweise übertriebene Wildhege. Heute muß der Mensch die Rolle des bestandsregulierenden Raubwildes übernehmen. Diese Aufgabe scheint jedoch offensichtlich schwieriger zu bewältigen zu sein als gemeinhin angenommen wird. Andererseits ist ihre Erfüllung unerläßlich, da die richtige Einschätzung einer biologisch vertretbaren Wilddichte für den Wald – aber auch für die Gesundheit der Wildbestände selbst – von lebenswichtiger Bedeutung ist.

Ein deutscher Hirsch hat es nicht mehr nötig, sich und die Seinen gegen

Herbstmorgen im Hirschrevier ▷

Schwarzwild durchwühlt den Boden nach schmackhafter Nahrung

hungrige Wölfe zu verteidigen. Er kann daher seine über das ganze Jahr gespeicherte Kampfeslust für seinen Konkurrenten bei der herbstlichen Brunft aufheben. Der zuweilen dramatisierte Kampf „auf Leben und Tod" findet jedoch in der Regel nicht statt. Viele Tiere, und eben auch die Hirsche, fechten – wie ehedem Studenten – nach ritterlichen Regeln. Und nach der studentischen Bezeichnung der Mensur-Regeln werden Hirsch-Duelle auch „Komment-Kämpfe" genannt.

Mit welcher Sicherheit beim Zweikampf der Hirsche durch die angeborene „Bremse" vermieden wird, daß ein Tier das andere tötet, konnten Jäger und Wissenschaftler immer wieder beobachten. Die Kontrahenten stürmen keinesfalls wild aufeinander los. Sie drohen sich erst einmal an: Im Stechschritt marschieren sie Seite an Seite nebeneinander her. In der nächsten Phase nehmen die Hirsche Abstand und stürmen mit gesenktem Geweih aufeinander los. Manchmal verpaßt einer der beiden

Sicherndes Wildschwein

Wildschweine werden bis zu 400 Pfund schwer

Das urigste Wild in unseren Wäldern: Schwarzwild

Kämpfer den Übergang vom Stechschritt zur Attacke. Der Geweihstoß des schnelleren Tieres würde dann die ungeschützte Flanke des anderen treffen. Jedoch der dadurch in Vorteil geratene Hirsch bremst seinen Stoß in letzter Sekunde ab. Erst danach „synchronisieren" die beiden Hirsche ihren Droh- und Kampfrhythmus wieder, das Spiel beginnt von neuem.

Schon die stimmgewaltige Kontaktaufnahme zweier Hirsche ist ein eindrucksvolles Erlebnis. Nähert sich ein Nebenbuhler einem Platzhirsch, macht er schon von weitem durch Knörren und Röhren auf sich aufmerksam. Der Herrscher des Rudels beantwortet die Herausforderung mit machtvoll hallendem Ruf. Schon ohne Sichtkontakt vermögen sich die Gegner gegenseitig einzuschätzen und entscheiden, ob ein Kampf aussichtsvoll verlaufen könnte. Fühlen sich die Kontrahenten ebenbürtig, ist

Portrait einer Wildsau ▷

Wildschweinfamilie

ein Kampf nicht mehr zu vermeiden. Wenn das dichte graue oder dunkelbraune Winterfell dem glänzend hellbraunen Sommerhaar Platz macht, sieht man dem wohlgerundeten Körper des weiblichen Hirschwildes an, daß die Setzzeit naht. Steht die Geburt kurz bevor – das ist meistens in den Monaten Mai oder Juni –, sondert sich die trächtigen Alttiere von ihrem Rudel ab. Allein und in der Abgeschiedenheit einer sicheren Dickung werden ein, selten auch zwei Kälbchen zur Welt gebracht.

Die hellbraune Grundfarbe der Jungtiere mit den hellen überlagernden Flecken dient der Tarnung.

Ähnlich gut getarnt wie der Nachwuchs des Rotwildes, sind auch junge Wildschweine, die sogenannten Frischlinge. Die längsseits gelb auf braunem Untergrund gestreiften Jungen kommen in einer Grube zur Welt, die die Mutter – in der Jägersprache wird sie Bache genannt – angelegt und mit Reisern ausgepolstert hat. Die Anzahl des Wild-

Bache mit Frischlingen

schweinnachwuchses ist von dem Alter der Bache abhängig und von ihrem Ernährungszustand. Im Durchschnitt sind es fünf Geschwister, die fast eine Woche lang sorgsam behütet im Nest bleiben. Sie liegen dicht beieinander gedrängt und bilden so ein Wärmeknäuel. Obwohl die Milch der Mutter fast fünfzehn Wochen ihre Hauptnahrung darstellt, sind sie bereits bei ihren ersten gemeinsamen Steifzügen in der Lage, nach Wildschweinart den Boden zu durchwühlen. Sie erbeuten dabei Kerbtiere,

Würmer und pflanzliche Nahrung, verschmähen jedoch auch Aas nicht. In der Zeit, in der die Bachen ihren Nachwuchs führen, sind sie unduldsam gegenüber anderen Artgenossen und gefährliche Gegner für Feinde. Ein ausgewachsenes Wildschwein ist trotz seines klobigen Aussehens gewandt und schnell. Die Weibchen können kräftig zubeißen und die Keiler – die männlichen Tiere – verteidi-

Schwarzwild-Nachwuchs

Brunftzeit im Damwild-Revier ▷

Das Damwild wurde von den Römern wieder in deutschen Wäldern eingeführt, nachdem es sich während der Eiszeiten nach

gen sich, in die Enge getrieben, mit ihren langen Eckzähnen, die drohend aus dem Unterkiefer ragen. Mit Ausnahme der Keiler leben Wildschweine das ganze Jahr über in geselligem Verband. In günstigen Gebieten, die ihnen ausreichende Nahrungsgrundlage bieten, sind sie standorttreu und unternehmen selten Wanderungen in fremde Gegenden. Gemeinsam ruhen sie tagsüber in schützenden Dickungen des Waldes. Bricht die Dämmerung herein, begibt sich die ganze Rotte auf Futtersuche oder zieht zur Suhle, einer feuchtmorastigen Stelle, in der ausgiebige Schlammbäder genommen werden.

Das Schwarzwild hat sich seinen Lebensraum in Mitteleuropa nahezu unbeeinflußt vom Menschen erobert. Damwild jedoch starb während der letzten Eiszeit aus und wurde erst durch die Römer wieder eingebürgert. Seine Anpassungsfähigkeit machte es nicht nur zum begehrten Tier in Wildparks und Privatgattern. Auch in der freien Wildbahn hat sich das Damwild durchsetzen und vermehren können. Die weiblichen Tiere leben im Schutze der Gemeinschaft eines großen Rudels. Die Kälbchen werden im Mai geboren und in den ersten Lebenstagen in einer Deckung abgelegt. Nur zum Säugen besucht sie die Mutter, und erst später, wenn das Jungtier dem Rudel auf einer eventuell notwendigen Flucht nicht mehr hinderlich ist, wird es in die Gemeinschaft aufgenommen. Die Hirsche bilden Junggesellengruppen, die bis zur herbstlichen Brunft zusammenhalten. Wenn der mächtige, schaufelartig ausladende Kopfschmuck voll ausgebildet und von der Basthaut befreit ist, trennen sie sich und werden zu Konkurrenten. Ihr Brunftruf ist nicht langgezogen wie der des Rothirsches, sondern ein in kurzen Abständen aufeinanderfolgendes Rülpsen.

Damhirsch im Bast

orderen Orient abgesetzt hatte

Aus der Schilfrandzone ertönen die stimmungsvollen Strophen der Rohrsänger

Kapitel 12

Wasserwildnis im Auwald

Oberrheinische Tiefebene

In der Wasserwildnis oberrheinischer Bruch- und Auwälder ist eine unglaubliche Vielfalt von Tier- und Pflanzenarten beheimatet. Schöne und groteske, harmlose und furchterregende, anmutige und komische. Doch weder ihre Gestalt noch ihre Farbe oder Lebensform können verstanden werden, wenn man sie isoliert sieht. Jede ist untrennbar verbunden mit ihren Nachbarn, ob sie jagt oder gejagt wird, im Wasser wächst oder auf sumpfiger Wiese, auf Bäumen lebt oder am Boden, Parasit oder Wirt ist, fliegt, kriecht oder schwimmt. Die Welt im dichten Dschungel der Schilfzone ist erfüllt von geheimnisvollen Geräuschen, von Gluckern und Plätschern, Rauschen und Raunen, Sirren und Singen. Und dort, wo Rohrdommel und Reiher den Ton angeben, da wird Naturerleben zum Abenteuer.

Amazonas in Deutschland

Nördlich des Kaiserstuhls hat sich in der Oberrheinischen Tiefebene eine für Mitteleuropa einmalige Flußauen-Landschaft erhalten. Die Auwälder liegen zum Teil im Überschwemmungsbereich des Rheins. Im sumpfigen Boden liegen abgestorbene Bäume und Äste, aus denen oft schöne Baumpilze wachsen. Die üppige Strauchschicht gibt nicht nur dem Schwarzwild gute Deckung, sondern ist ein idealer Lebensraum auch für zahlreiche andere Tiere. Durch wasserbauliche Maßnahmen, chemische Schadstoffe und Abwässer ist diese tropisch anmutende Wasserwildnis zwar ebenfalls in Mitleidenschaft gezogen; noch immer aber sind die dschungeldichten Schilfbestände ein Paradies für Wasservögel, Reptilien und Insekten.

Einst suchte sich der Rhein seinen Weg dort, wo ihm der geringste Widerstand entgegengesetzt wurde. Von der mäandernden Hauptrinne verlagerten sich Nebenarme und suchten ihr eigenes Bett. Unter dem Einfluß der periodischen Hochwässer wechselte das Flußsystem ständig seine Lage; neue Wasserstraßen entstanden, Altarme blieben zurück, die mit dem Strom durch Rinnsale oder dem Grundwasser in Verbindung blieben. Es entstand eine Wasserwildnis mit klar fließenden Bächen, tief ausgehobenen Kolken, verlandenden Sümpfen und seeähnlichen Überflutungen – fast wie am Amazonas. Der Einfluß des Menschen verwan-

Beutelmeise am Nest

Graugänse im Schilfwald

Beutelmeise im Nest – eines der kunstvollsten Bauwerke unserer heimischen Vogelwelt

Grünfüßiges Teichhuhn auf dem Nest

Eier der Geburtshelferkröte: die Augen der Kaulquappen-Embryos sind bereits erkennbar

Grasfrosch

Laubfrosch

delte den Fluß in einen gebändigten Kanal. Uferbefestigungen zwangen ihn in ein vorgeschriebenes Bett, Verdeichungen hinderten Hochwasser und Nebenarme am Eintritt in das entstehende Kulturland. Die Nutzung des Landes hatte Vorrang vor der Natur, Industrialisierung begann sich gegen Lebensqualität durchzusetzen. Die letzten naturnahen Auwaldgebiete der Oberrheinischen Tiefebene blieben mehr durch Zufall denn aus menschlicher Einsicht erhalten; sie sind Naturdenkmäler, Relikte einer

Geburtshelferkröte mit Laich-Schnüren

Zeit, in der das fein abgestimmte System des Naturhaushaltes noch unbeeinflußt funktionierte.

Die niedrigen Lagen im Bereich des Stromes besiedeln hochspezialisierte Büsche und Bäume. Als Weichholzau wird diese Pflanzengemeinschaft bezeichnet, die sich aus Schwarzpappel, Grauerle, Silber-, Bruch-, Saal- und Purpurweide zusammensetzt. Mit tiefen Pfahlwurzeln verankern sie sich im Erdreich und trotzen den jährlichen Überschwemmungen. Die elastischen Äste geben geschmeidig dem Wasserdruck nach; selbst dann, wenn sie unter angeschwemmten Schottermassen begraben werden, sterben sie nicht ab, sondern drängen neue Triebe an das Tageslicht. Fast unwirklich mutet der Übergang in die höher gelegene Hartholzau an. Ein üppiger Artenreichtum von Gräsern, Büschen und Bäumen vereint sich zu undurchdringlichem Dschun-

Grasfrosch-Portrait ▷
Grasfrosch – im Sprung fotografiert ▷▷

Schlüpfakt der Ringelnatter

gel. Schling- und Klettergewächse besiedeln die hochwachsenden Ulmen, Eschen und Stieleichen, und vermitteln in ihrer Fülle den Eindruck eines subtropischen Urwaldes. Von den Ufern der Auwaldtümpel und –seen beginnen Pfaffenhütchen, Liguster und Heckenkirsche dicht gedrängt die Eroberung der verlandenden Zonen, und von den offenen Wasserflächen leuchtet das Gelb der seltenen Teichrose. Anfang Juni breitet der fließende Hahnenfuß seinen weißen Blütenteppich über weite Teile der Altrheinarme, und die Schilffelder sind durchsetzt mit Beständen der farbenprächtigen Schwertlilie.

Für Vögel sind die Auwälder von unschätzbarem Wert. Die Gewässer stellen vielen Arten ein reiches Nahrungsangebot bereit; sie sind gleichzeitig abgeschiedene Schutzzonen gegen Feinde. In den breiten Röhrichtgürteln brüten die verschiedensten Rohrsängerarten und der Rohrschwirl. An den senkrechten Abbrüchen der Autümpel haben Eisvögel ideale Bedingungen zum Bau der Brutröhre gefunden, und die mächtigen Stämme der Hartholzgewächse dienen den Spechten als Jagd- und Brutrevier. Jede Vegetationsstufe ist von Singvögeln besetzt, die mit arteigenem Gesang den Besitz ihrer Eigenbezirke kennzeichnen: ein vielstimmiges, kaum entwirrbares Konzert, wie es nur im Auwald zu hören ist.

Zur Zeit des Vogelzuges wird das Gebiet willkommene Zwischenstation für die Wanderheere zwischen Nord und Süd, und im Winter wirken die Überschwemmungsgebiete der Rheinauen fast überladen mit gefiederten Kostbarkeiten; sie erwarten hier die wärmere Jahreszeit, um dann in ihre Brutheimat zurückzukehren, und räumen im Frühjahr ihren Platz

Gelege der Ringelnatter

243

Farbenprächtiges Kleinod in der Wasserwildnis: Blaue Schwertlilie

Auch in kleinen Dingen offenbart die Natur ihr Schönheitsideal: Blühendes Sumpfgras

Der Purpurreiher erdolcht seine Beute

Der aufgespießte Fisch wird in die Luft geschleudert, um mit dem Kopf voran verspeist zu werden

den Vögeln, die der Winter noch weiter nach Süden getrieben hat.

Zu ihnen gesellen sich Graugänse, die in kräftesparendem, v-förmig angelegten Formationsflug weite Strecken überwinden. Ursprünglich waren sie weit verbreitet; heute sind sie recht selten geworden und nur noch an naturbelassenen Binnengewässern mit üppiger Ufervegetation und angrenzender Weidefläche vertreten. Graugänse leben in Einehe und suchen sich gemeinsam nach der Rückkehr aus dem Überwinterungsgebiet ein Revier, das sie eifersüchtig gegen andere Paare verteidigen. In dichten Schilfbeständen oder unter unzugänglichem Gebüsch errichten sie ein Nest, das bis zu 1 m Durchmesser haben kann. Das Weibchen übernimmt allein das Brutgeschäft, während der Ganter die Umgebung überwacht. Mutig nimmt er den Kampf mit jedem Störenfried auf, der sich dem Nest nähert, schlägt wuchtig mit den Bugseiten der Flügel zu und unterstützt die Abwehr mit kräftigen Bissen des Schnabels.

Während das Nest der Graugänse ein massiver, kompakter Bau ist, dessen Anlage keiner allzugroßen Kunstfertigkeit bedarf, ist die Beutelmeise in der Herstellung ihrer Brutwohnung weitaus anspruchsvoller. Zur Balzzeit beginnt das Männchen an mehreren Stellen mit dem Bau korbförmiger Gerüste, die es an herabhängenden Zweigenden kunstvoll verknüpft. Die Rohbauten sind aus langen, elastischen und zugfesten Pflanzenfasern zusammengesetzt und dienen vorerst nur der Werbung; singend vollführt der kleine Baumeister vor seinen Kunstwerken Flugkapriolen, die das Weibchen anlocken sollen. Die Aufforderung zur Nestinspektion wird vom Weibchen verstanden; es begutachtet wählerisch alle Bauten, und erst dann,

Der Purpurreiher verschluckt Fische ...

...nie mit dem Schwanz zuerst, da sich sonst Schuppen und Flossen im Halse verfang

Geschafft – die Beute ist im Hals verschwunden

wenn eines all seinen Ansprüchen genügt, entschließt es sich, an der Vollendung des Werkes mitzuwirken. Gemeinsam verlegt und verfilzt das Paar die wolligen Samenhaare von Pappeln, Weiden und Schilf für den Nestbau; selbst Spinnweben dienen der Verfestigung der Außenhülle. Bis auf ein enges Einschlupfloch wird das Nest allseitig zu einem Beutel geschlossen; es bietet gegenüber der offenen Bauweise, wie sie bei den meisten Kleinvögeln üblich ist, hervorragenden Schutz gegen Regen und Sonneneinstrahlung. Im subtropischen Bereich des Auwaldes wirkt sich die Isolation der Außenwand besonders günstig aus, da hierdurch die Temperatur im Nestinnern fast immer ausgeglichen ist. Nestplünderer haben kaum Gelegenheit, an die Eier oder Jungvögel zu gelangen; die Aufhängung an dünne Äste und das enge Einschlupfloch machen das Heim der Beutelmeise unzugänglich.

Schönere und vollkommenere Nester bauen auch die für ihre Prachtbauten berühmten Weber- und Schneidervögel der Tropenwälder Afrikas und Südostasiens nicht. Das Bauwerk unserer heimischen, wenn auch seltenen Beutelmeise ist außerdem von solcher Festigkeit, daß im östlichen Europa, wo diese fliegenden Baumeister häufig sind, ihre Nester von Kindern zuweilen anstelle von Filzschuhen getragen werden; die Nester einer ostafrikanischen Meisenart verwenden die Massai als Geldbeutel. Nur noch vereinzelt findet man Kolonien der Graureiher. Als kleinste einheimische Reiherart benötigt die Zwergrohrdommel für ihr Wohlbefinden ausgedehnte Schilfgürtel, ebenso wie die doppelt so große Rohrdommel, die

Paarungsrad der Großen Pechlibelle ▷
Lautloser Hubschrauber: Königslibelle ▷▷

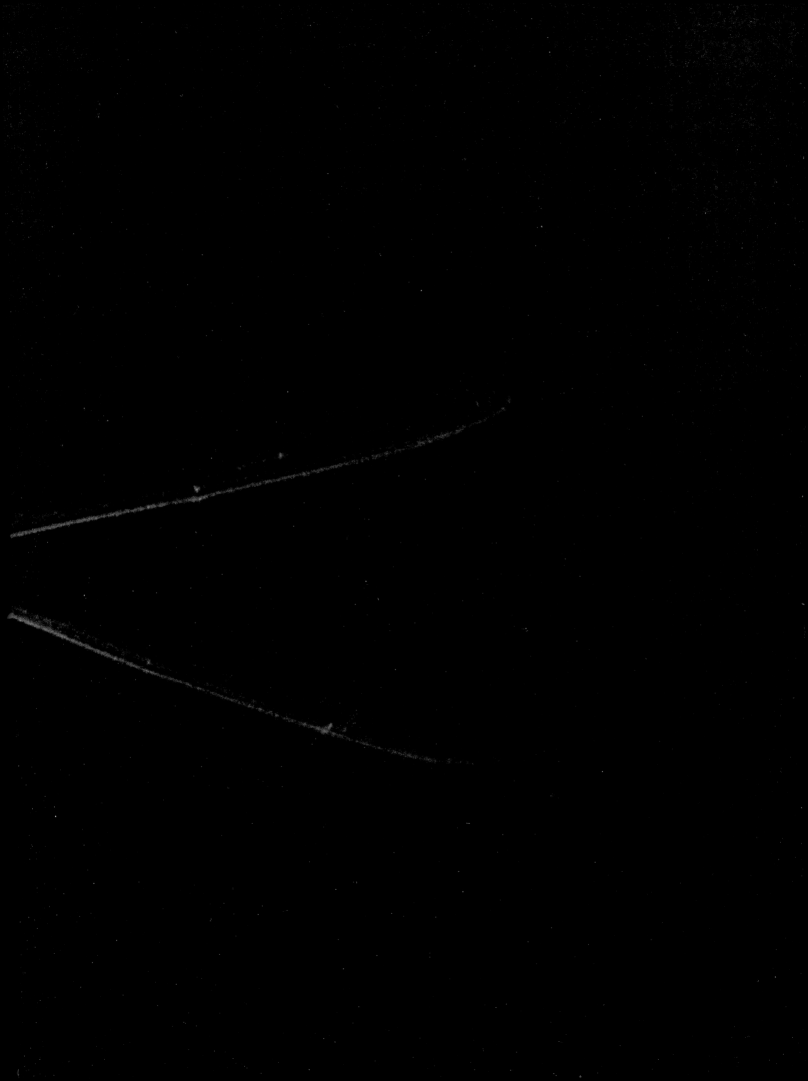

Pfeilschnell schießen sie davon, dann stehen sie wieder wie Falken rüttelnd in der Luft: Großlibellen können sich stundenlang in der Luft aufhalten

mit nächtlich weithallendem Gebrüll ihr Revier gegen Artgenossen verteidigt. Zur Rarität unter diesen Schreitvögeln wurde der Purpurreiher, der auf jede noch so geringe Änderung seines Lebensraumes äußerst sensibel reagiert.

Man begegnet ihm nur noch in Gebieten, die vom Tourismus verschont geblieben sind und in denen die Wasserverschmutzung seine Nahrungsquellen noch nicht zerstören konnte. Der knapp drei Pfund schwere Pur-

purreiher (Flügelspannweite 1,30 m) ernährt sich von zahlreichen Wasserinsekten, Mäusen, Wasserratten, Fröschen, Molchen und in geringem Maße von – wirtschaftlich meist wertlosen – Fischen wie Lauben und Rotfedern. Dies hängt mit ihrer Jagdweise zusammen; Reiher fangen ihre Beute normalerweise von der Wasseroberfläche weg und stoßen mit ihrem Bajonettschnabel selten tiefer als zehn Zentimeter. Außerdem nehmen sie nur ungern Fische, deren Körperlänge mehr als zwanzig Zentimeter

beträgt. Sicher können Reiher an dichtbesetzten Fischzuchtanlagen geringfügigen Schaden anrichten, doch fangen sie auch hier in erster Linie an der Oberfläche taumelnde und nach Luft schnappende – also kranke Fische.

Den stammesgeschichtlichen Vorfahren der Vögel und Säugetiere – Amphibien und Reptilien – wird in unserer weitgehend naturentfremdeten Gesellschaft nur wenig Beachtung geschenkt. Ihre oft nächtliche

Einmalig ist nicht nur der perfekte Kunstflug der Libellen, einmalig sind auch ihre Riesenaugen

Hochzeitsrad: Mühsam ist die Liebe der Libellen

und heimliche Lebensweise macht sie für viele Menschen irgendwie unheimlich; mit Ekel und Angst begegnet man Fröschen, Kröten, Schwanzlurchen, Eidechsen und besonders den Schlangen. Auch heute noch, in einer Zeit, die sich aufgeklärt gegenüber den Zusammenhängen in der Natur gibt, scheint der Aberglaube des Mittelalters noch nicht ausgerottet, wonach kaltblütige Tiere mit bösen Mächten in Verbindung stehen. Wie sonst ist zu erklären, daß die fußlose Eidechse – die Blindschleiche – noch immer als

„todbringende Schlange" von vielen Menschen vernichtet wird, oder der tausendfache Straßentod den zu ihren Laichplätzen wandernden Erdkröten kaum jemanden rührt? Viele der einheimischen Lurcharten sind durch Trockenlegung von Feuchtgebieten vom Aussterben bedroht, da sie – mit Ausnahme des Alpensalamanders – alle zumindest in der Fortpflanzungszeit auf das Wasser angewiesen sind.

„Gruppen-Sex":
Eiablage mit männlichem Begleitschutz ▷

Gegen Ende des Reptilienzeitalters vor 70 Millionen Jahren gab es Libellen mit einer Flügelspannweite von 75 Zentimetern

— die moderne Teufelsnadel spannt dagegen nur 11 Zentimeter

Ihre Ausrottung würde zur Folge haben, daß amphibienfressende Reptilien, Vögel und Kleinsäuger ihre Nahrungsgrundlage verlieren. Das fein aufeinander abgestimmte Ökosystem könnte ohne Amphibien und Reptilien nicht funktionieren. Erst in jüngster Zeit wurde die Bedeutung der Kaltblüter für die Landwirtschaft erkannt. Frösche, Kröten, Molche und Salamander leben hauptsächlich von Insekten und verhindern deren Massenvermehrung. Auch Schlangen, insbesondere Kreuzottern, sind biologische Schädlingsbekämpfer und halten die Bestände der Kleinnager kurz.

Eine gesunde Lebensgemeinschaft im Auwald erkennt man vor allem an der Artenvielfalt von Pflanzen und Tieren. Insekten spielen dabei eine dominierende Rolle – als Nahrung für Fische, Amphibien, Reptilien und Vögel. Aber auch Insekten jagen Insekten, sind Spezialisten im Fallenbau wie manche Spinnen oder rasant schnelle Jäger wie die Libellen, die von der Natur für ihren Beuteerwerb hervorragend gerüstet sind. Bei den Großlibellen nehmen die Facettenaugen fast den ganzen Kopf ein und verhelfen dem Tier zu einem großen Gesichtsfeld. Die Vorder- und Hinterflügelpaare lassen sich unabhängig voneinander bewegen; sie verleihen der Libelle eine unübertroffene Manövrierfähigkeit, die es ihr ermöglicht, im Rüttelflug auf der Stelle zu fliegen oder in pfeilschnellem Geradeausflug auf kürzeste Distanz eine Höchstgeschwindigkeit von nahezu 50 Kilometer pro Stunde zu erreichen. Auf Beute lauern Libellen entweder von einer Anwarte aus wie die Plattbauchlibellen oder als ausdauernde Flugjäger wie die Mosaikjungfern, die an heißen Sommertagen ihre ganze schillernde Pracht entfalten und nur selten Pflanzen als Rastplatz aufsuchen.

Durchsichtig wie Glas: Libellenflügel

Balsamisch duftende Blütensträuße der Alpenrose – am Fuße der Zugspitze

Kapitel 13

Im Reich der fliegenden Alpenrose

Nationalpark Berchtesgaden

In der schwer zugänglichen Felsregion des Nationalparks Königssee lebt eine ornithologische Kostbarkeit: der Mauerläufer. Der sperlingsgroße Singvogel, der seiner karminroten Flügel wegen im Volksmund auch die „fliegende Alpenrose" genannt wird, zählt zu den seltensten Vogelarten Mitteleuropas. In schmetterlingsartigem Flug zigeunert der Mauerläufer zwischen Baumgrenze und ewigem Schnee, und wenn ein Sonnenstrahl seine rosigen Federn trifft, blitzt es in der Wand wie ein geheimnisvolles Leuchtfeuer. Mit seinem langen, nadeldünnen Sichelschnabel stochert er in flechtenbewachsenen Rissen und Spalten und sucht – halb hüpfend, halb fliegend – nach winzigen Insekten. Als Kolibri der Berge bewohnt dieser Vogel ein Reich, das er mit Steinbock, Adler und Gemse teilt.

Lebt wie ein Berggeist: der Steinbock

Jenseits der Baumgrenze

Die Zähigkeit jener Tiere, die zwischen Baum- und Schneegrenze einen Großteil ihres Lebens verbringen, nötigt uns Bewunderung ab. Denn wie die Alpenblumen, so müssen auch die Tiere schneidenden Wind erdulden, Kälte und große Temperaturgegensätze aushalten, Wasserfluten und Trockenheit überstehen, mit einem mageren Boden und den Tücken von Eis und Schnee zurechtkommen. Irgendwie müssen sie auch aus der dünneren Luft den lebensnotwendigen Sauerstoff nehmen und in steilem Gelände, das keinen falschen Tritt erlaubt, Futter und Trinkwasser finden.

Das Hauptproblem, mit dem die Tiere der Berge fertig werden müssen, ist die Kürze des Sommers beziehungsweise die Länge der meist sehr schneereichen Winter. Die Übergangsjahreszeiten Frühjahr und Herbst sind im Hochgebirge kurz oder fallen so gut wie ganz aus. Noch im Juni kann es in Hochlagen schneien und bereits Ende September hält der Winter oft schon wieder seinen Einzug. Damit entstehen zwei große Probleme, die für Bergtiere zu bewältigen sind, nämlich einmal den kurzen Sommer für Geburt und Aufzucht der Nachkommenschaft zu nutzen und zum anderen mit der lang anhaltenden Schneelage in der kalten Jahreszeit fertig zu werden. Wer in der Hochgebirgsstufe überleben will, kann dies nur, wenn ihm besondere Anpassungen zur Verfügung stehen.

Auch weibliches Steinwild trägt ein Gehörn

Beim Steinwild leben die Geschlechter außerhalb der Brunftzeit in getrennten Rudeln

Von allen Geschöpfen der Berge gehören Steinböcke und Gemsen zu den beweglichsten und trittsichersten. Tollkühn spazieren sie auf Felssimsen entlang, die so schmal sind, daß sie unbegehbar erscheinen. Beide Tierarten, die einer Familie angehören, die zwischen Ziegen und Antilopen steht, haben eine ähnliche Hufform entwickelt: sie ermöglicht ihnen, mit großer Schnelligkeit über unebenen, felsigen Boden zu laufen und auch steile Felsgrate zu überqueren, ohne dabei den Halt zu verlieren. Die Hufe oder Schalen dieser Tiere sind biegsam, haben zangenartige Zehen und verhältnismäßig weiche, gewölbte Sohlen, die auf abschüssigen Steinflächen ausgezeichnet haften.

Mit dem Kälteproblem im Hochgebirge können die warmblütigen Tiere (Vögel und Säugetiere) hauptsächlich auf dreierlei Weise fertig werden: Sie können wandern, Winterschlaf halten oder Zuflucht unter der Erde wie unter dem Schnee suchen. Die meisten großen Bergtiere wan-

Steinbock auf schwindelndem Grat

Die Steinwild-Kitzen leben mit ihren Müttern in tieferen Regionen als die Böcke

Steinböcke beim spielerischen Kräftemessen

dern. Steinböcke und Gemsen, die während des Sommers in der Gipfelregion der Alpen den spärlichen Pflanzenwuchs (Flechten, Moose, Gräser, Krummholznadeln, Alpenrosen und andere Alpenkräuter) abweiden, ziehen in strengen Wintern in tiefere Lagen. Meist verbringen sie die schneereiche Jahreszeit unterhalb der Baumgrenze in schützendem Baumbestand. Hier können sie Nahrung finden oder von da aus auf vom Schnee freigewehte Matten zur Äsung ziehen. Vor der ärgsten Kälte bewahren sie sich,

indem sie dem Wind aus dem Wege gehen; hauptsächlich aber schützt sie ein dicker Winterpelz. Während das dichte, derbe Rumpfhaar im Sommer etwa 3 cm mißt und rehgelb gefärbt ist, wird es im Winter bis zu 12 cm lang und tiefschwarz. Auf dem Rücken kann die Winterdecke sogar bis zu 20 cm lange Haare tragen, die – vielleicht später einmal – zum sogenannten Gamsbart verarbeitet werden. Das Haarkleid des Steinwildes ist

Kapitale Steinböcke an einem Bergsee ▷

Gemsen – hier Muttertier mit Kitz – leben vorwiegend in der Latschenregion

268

Steingeiß mit Zwillingen – ein seltener Anblick

Das Alpenschneehuhn – hier im Sommerkleid – bevorzugt felsige Hochkare

kürzer, aber im Winter ebenfalls besonders dicht. Besonders auffallend an den Steinböcken, die einen Kinnbart tragen, sind die prachtvollen, mit breiten Querwülsten gezierten Hörner, die nicht abgeworfen werden. Sie werden bei den Böcken bis zu 140 cm lang; die der Steingeiß messen im Durchschnitt meist nur etwa 20–35 cm. Bis zum vierzehnten Jahrhundert war das Steinwild im gesamten Alpen-

raum verbreitet, doch bereits im Verlauf des sechzehnten Jahrhunderts schrumpften die bis dahin üppigen Bestände immer mehr und immer rascher zusammen. Der Grund für diesen rapiden Rückgang ist vor allem im mittelalterlichen Aberglauben zu suchen, der dem Steinbock gewissermaßen die Funktion einer „wandernden Apotheke" andichtete. Praktisch alles am Steinbock verhieß Heil- und Zauberkräfte. Fleisch, Innereien und Augen, frisch oder getrocknet, oder auch zu feinem Pulver vermahlen, soll-

Schneehuhn-Küken

◁ Ruft in der Einsamkeit der Berge: das Steinhuhn

Beide Geschlechter des Schneehuhns sind im Winter rein weiß – bis auf schwarze Schwanzkanten und schwarze Augenstreifen beim Männchen

Gelege vom Alpenschneehuhn

ten gegen mancherlei Beschwerden ihre Wirkung tun. Haare, Horn und Hufteile waren Amulette gegen die Zauberkräfte von bösen Geistern. Selbst dem Mist der Tiere wurde wohltuende und heilende Wirkung bei Schwindsucht und Zipperlein zugesprochen. Die Bischöfe von Salzburg unterhielten in Berchtesgaden und in der Salzach-Stadt sogar eigene „Steinbock-Apotheken". Die realistische Einschätzung dieser obskuren Heilkunde und Geisterfurcht ergab ganz einfach, daß ein erlegter Stein-

bock restlos in klingende Münze umzusetzen war und daher auch beschwerliche oder verbotene Jagd lohnte. Mitte des 19. Jahrhunderts waren die Steinböcke im gesamten Alpenraum – bis auf einen kläglichen Rest im oberitalienischen Westalpengebiet, bekannt durch das Gebirgsmassiv des Gran Paradiso – völlig ausgerottet.

Schneehühner im Formationsflug ▷

Durchzügler aus der Tundra: Mornellregenpfeifer ▷▷

Alpendohlen ▷▷▷

Schneehase im Sommerkleid

Trotzdem wäre mit der starken Bejagung allein der Rückgang des Steinwildes wohl kaum zu erklären; immerhin galt der Steinbock schon bei den Römern als wertvoller Lieferant von Heilmitteln, und von der Verbesserung der Waffentechnik ausgangs des 17. Jahrhunderts war auch die Gemse betroffen, die trotz Bejagung in ihrem Bestand nicht gefährdet wurde. Der Münchner Wildbiologe Dr. Wolfgang Schröder gibt eine einleuchtende Erklärung dafür, warum das Steinwild im Gegensatz zur Gemse der Flinte restlos zum Opfer fiel: Steinböcke haben für ihren Lebensraum sehr sinnvolles Verhalten der Feindvermeidung entwickelt, das großen Bodenraubtieren (Wolf, Bär und Luchs) gegenüber Erfolg verheißt, nicht jedoch Sicherheit vor der Flinte. Steinwild zieht sich vor dem nahenden Feind im Gegensatz zur Gemse gemächlich zurück und steigt nach Möglichkeit in senkrechte Felswände ein, um von dort aus den Feind im Auge zu behalten. Als es technisch möglich wurde, das Steinwild aus den Felswänden buchstäblich herauszuknallen, war die Jagd auf den Steinbock wesentlich weniger schwierig als auf andere Alpentiere. Ausgerechnet seine überragenden Kletterkünste wurden dem Steinwild zum Verhängnis. Versuche, anfangs dieses Jahrhunderts das Steinwild wieder einzubürgern, sind trotz vieler Rückschläge inzwischen als erfolgreich zu bezeichnen.

Alles in allem sind Steinböcke und Gemsen die zähesten und ausdauerndsten Säugetiere des Hochgebirges. Während einiger Monate des Jahres teilen sie ihre einsamen Felsgipfel nur mit einigen Insekten und Spinnen; lediglich ein paar wetterfeste Vögel wagen sich noch bis zu ihnen hinauf. Beim Alpenschneehuhn schafft der komplette, durch ein sehr dichtes

Haben in ihren weitgespreizten und dichtbehaarten Zehen gute Schneeschuhe: Schr

Hasen im Winterpelz

Murmeltiere leben in Kolonien von zwei bis drei, aber auch von 30–50 und mehr Tieren

Gefieder gewährleistete Wärmeschutz die Voraussetzung für ein Überleben auch bei extrem niedrigen Temperaturen. Selbst Füße und Nasenlöcher sind dicht befiedert, um Wärmeabgabe zu verhindern.

Das Schneehuhn hat zudem Verhaltensweisen entwickelt, die ebenfalls im Dienste des Wärmeschutzes stehen. Während der langen und auch im Sommer recht kalten Nächte übernachten die Schneehühner vorzugsweise in windgeschützten Mulden und

Murmeltiere sind verwandt mit dem Eichhörnchen

Murmeltiere weiden Gras und Kräuter ab

Mit einer Länge von etwa 55 cm und bis zu 7 kg Gewicht sind Murmeltiere nach dem Biber die größten Nagetiere in Deutschland

Löchern. Dabei schlafen Familienangehörige oft auf „Federfühlung" dicht beisammen, vor allem, wenn der Nachwuchs noch klein ist. Im Winter graben die Schneehühner bis zu 1,50 Meter lange Schlafhöhlen in den Schnee, um auf diese Weise die isolierende Schneedecke auszunutzen. Im lockeren Pulverschnee können sie sich sogar aus dem Flug fallen lassen und sofort in den weichen Schnee einbuddeln. Überlebenshilfe im Hochgebirge bietet ohne Zweifel auch gute Tarnung. Im Sommer sind Schneehühner in

ihrem scheckigen Gefieder zwischen Felsblöcken und auf Geröllhalden kaum zu erkennen. Im Winter bildet das schneeweiße Federkleid eine hervorragende Tarnung vor dem Hauptfeind, dem Steinadler. Einer ähnlichen Schutzfärbung bedient sich ein anderes Beutetier des Steinadlers, der Schneehase. Im Sommer ist er graubraun gefärbt, im Herbst erscheinen weiße Flecken auf seinem Fell, und in wenigen Wochen ist der Hase völlig weiß. Zwecks Wärmekonservierung kauert sich ein ruhender Schneehase

zu einer flaumigen Pelzkugel zusammen. Er kann so stundenlang regungslos im Schnee sitzen, ohne zu frieren; und je weiter die Temperatur sinkt, desto mehr wird er seinen seidigweichen Haarpelz aufplustern und immer runder werden. Doch eigentlich ist er ein schlankes Geschöpf mit langen Beinen. Wenn er gejagt wird und dadurch gezwungen ist, Wärme von seinem Körper abzugeben – sein Stoffwechsel läuft dann plötzlich 20mal so schnell wie beim Stillsitzen –, ändert sich seine Gestalt völlig.

Nistet gern auf Felsvorsprüngen: der Steinadler, das vollkommenste Segelflugzeug der Welt

Wagt sich auch an Murmeltiere und Schneehasen

Die einfachste und eleganteste Art, Winter und Adlerfängen zu entgehen, hat das etwa hasengroße Murmeltier entwickelt: Spätestens im Oktober fällt der possierliche Kobold in einen 6–8 Monate dauernden Winterschlaf. Lange vor Anbruch der kalten Jahreszeit sammeln die Murmeltiere, die häufig gesellig in Kolonien leben, trockene Gräser und Kräuter, die sie in großen Bündeln im Maul eintragen. Man hat 12 bis 15 kg Heu aus einem einzigen Bau gewogen. Sobald alle Vorbereitungen getroffen sind, stop-

fen die Tiere den Eingang ihrer oft 3 Meter tiefen Behausung mit Heu, Erde und Steinen zu. Im kälte-isolierten Kessel fällt schließlich die ganze Sippe in eine todesähnliche Starre, wobei die Körpertemperatur auf 5–7 Grad absinken kann. Alle drei bis vier Wochen erwachen sie für kurze Zeit, um Harn abzusetzen. Der Stoffwechsel wird lebhafter und führt zu einer vorübergehenden Erwärmung. Dadurch wird zusätzlich auch die Schlafhöhle etwas aufgeheizt. Dann geht der Schlummer weiter. Eine Energiesparmaßnahme,

die zum Nachdenken Anlaß geben könnte…

Noch nachdenklicher stimmt indes die Tatsache, daß der Lebensraum auch dieser hochspezialisierten Alpenbewohner in erschreckendem Maße eingeengt wird. Die vielbesungene Freiheit, die angeblich auf den Bergen wohnt, wird von vielen Menschen offenbar leichtfertig und gedankenlos egoistischen Interessen nutzbar gemacht. Leidtragende dabei sind die Tiere. Schon droht der Zusammenbruch ganzer Lebensgemeinschaften, die noch vor kurzem als besonders urwüchsig, ungestört und wenig belastet galten. Es hat den Anschein, als sollten jahrhundertelange Entwicklungen und Veränderungen innerhalb der deutschen Kulturlandschaft nun mit einem Schlage in den Alpen nachgeholt werden. Gewissermaßen als Katastrophe im Zeitraffer. Weder Naturschutzgebiete noch Nationalparks scheinen einen ausreichenden Schutz für bedrohte Ökosysteme garantieren zu können.

Steinadler sind keine Kinderräuber

Wo sich heute schwermütige Moore ausbreiten, blinkten einst die Spiegel großer Seen

Kapitel 14

Flötenlied im Moor

Naturpark Steinhuder Meer

Der Boden schwankt unter jedem Tritt. In kleinen Tümpeln schwappen dunkle Wasser, hocken bernsteinäugige Frösche. Wie Tau in der Morgensonne funkeln die stecknadelkopfgroßen Tröpfchen eines „Insektenfressers". Die kugeligen Köpfe des Sonnentaus bringen mit dieser klebrigen Flüssigkeit Insekten aller Art zur Strecke, von der Fliege bis zur Libelle, von der Mückenlarve bis zum Wasserfloh. In der Mittagshitze des Sommers kocht die Luft über dem nassen moosigen Grund, erstirbt fast jeder Laut! Nur der melodische Ruf des Brachvogels schwebt über dem stillen Moor. Eine Landschaft, die Ruhe, fast Melancholie ausstrahlt. Weite, großflächige Sümpfe umschließen das Steinhuder Meer vor den Toren Hannovers, mit 32 ha der größte Binnensee Niedersachsens.

Vorsicht: bissige Blume

Junger Goldregenpfeifer

Die Moore der Norddeutschen Tiefebene gleichen zuweilen riesigen Konzertsälen, in denen moderne Musik dargeboten wird. Vor allem an lauen Frühlingsabenden hallt die Einsamkeit dieser Landschaft wider von einem tausendstimmigen Vogelchor. Mit „quorrenden" und „murksenden" Rufen streichen Sumpfschnepfen (Bekassinen) über weißleuchtende Moorbirken, Wiesenpieper und Lerchen „hängen" singend im hohen Himmel, ein Pulk Wildenten „klingelt" vorüber und fällt in einem Schilfwäldchen ein, wo Rohrsänger um die Wette musizieren: stimmungsvolle Sumpf- und Wasserlieder, die an das Schwirren und Sirren des Röhrichts, das Quarren der Frösche, das Knarren und Kerren der Wasserhühner und das Quaken der Reiher erinnern. Mit lautem „Kiewitt-Kiewitt" taumeln ein paar Kiebitze über den nassen Wiesen, der tiefe Brummton einer Rohrdommel mischt sich mit dem dumpfen Blubbern einer Sumpfohreule, und aus der Ferne dringt das trompetende „Gru-gru"-Geschrei ziehender Kraniche. Das Zischen und Kullern balzender Birkhähne, das Seufzen und Unken eines Kauzes, das Kickern streitender Teichhühner, und das gleichförmige Schnurren einer Nachtschwalbe verbindet sich zu einer seltsamen Melodie. Dieses akustische Naturschauspiel wäre jedoch unvollständig ohne das geisterhafte Trillern des Brachvogels. Wer je erlebte, wie sich das melancholisch anmutende Flöten-Duo von Brachvogel und Goldregen-

Brütender Goldregenpfeifer

Häufiger Sommergast mit überlangen Storchenbeinen: der Stelzenläufer

Stelzenläufer brüten in Deutschland nur selten

Uferschnepfe mit Gelege

Großer Brachvogel mit Gelege

pfeifer mit dem Lied des Moores zu einer ergreifenden Sinfonie vereinigte, weiß, um welch unnachahmlichen Reiz diese Landschaft durch das Verschwinden ihrer eigenartigen Vogelwelt ärmer würde.

Grund zur Sorge ist durch das ständige Schrumpfen der Moore und Sümpfe gegeben. Von den rund 100 ha Natur, die täglich in der Bundesrepublik bebaut und erschlossen werden, nehmen die feuchten Landstriche mit ihrer artenreichen Vogelwelt einen beachtli-

Gelege des Stelzenläufers

chen Teil ein. Das „nutzlose" Moor wird entwässert, drainiert, gepflügt und bebaut. Kein Wunder, daß so gut wie alle Moorbewohner in ihrem Bestand akut gefährdet sind. Wohin die großflächige Entwässerung und Aufforstung von Mooren führen kann, hat die Waldbrandkatastrophe von Niedersachsen im Sommer 1975 gezeigt. Der ausgedörrte Moorgrund lieferte dem Feuer so viel Brennstoff, daß der Mensch samt seinen technischen Errungenschaften nur mühsam und nach vielen vergeblichen Anläufen

das Schlimmste gerade noch verhindern konnte.

Zur Erhaltung der Moorfauna ist jedoch nicht nur der Schutz dieser letzten verbliebenen Biotope notwendig, vielmehr sind, wie es in dem bereits erwähnten Bestseller „Rettet die Vögel" heißt, „Eingriffe zur Renaturalisierung unumgänglich. Die

Brütende Uferschnepfe ▷

Balzt und brütet bei uns nur noch an wenigen Stellen: der Kampfläufer

durch die Entwässerung verursachte Bebuschung und Bewaldung muß durch Rodung, vorsichtiges Abbrennen, Mähen oder Beweidung rückgängig gemacht werden. Danach müssen die Entwässerungsgräben zugeschüttet werden, um das Ablaufen von Regenwasser zu verhindern". Inzwischen konnte mit solchen Maßnahmen, die in Mooren Niedersachsens durchgeführt wurden, der Restbestand des Goldregenpfeifers „vorerst gerettet" werden. Auch Birkhuhn, Rotschenkel, Krickente, Knäkente

und Uferschnepfe „reagierten mit einer Bestandszunahme".

Was in den letzten 50 Jahren durch Trockenlegung und Torfgewinnung an urwüchsiger Landschaft in Norddeutschlands Tiefebene zerstört wurde, um Ackerland bzw. Brennmaterial zu gewinnen, läßt sich wohl kaum rückgängig machen. Trotzdem lassen Naturschutzorganisationen nichts unversucht, die kostbaren Biotope neu erstehen zu lassen, indem sie alte Torfstiche unter Wasser set-

zen. An vielen Stellen wächst heute wieder Wollgras, fruchten rote Moos- und blaubereifte Rauschbeeren. Hier ist aber auch ein Lebensraum für Brachvögel und Goldregenpfeifer entstanden. Auch einige Greifvogelarten kommen hier wieder vor. Die selten gewordene Wiesenweihe und die Kornweihe gaukeln über Wiesen und Moorheiden, und die Sumpfohreule, die ebenfalls Brüche, Moore und nasse Wiesen liebt, läßt sich mitten am Tage bei ihrem Balzspiel beobachten. Eine bemerkenswerte Erscheinung

Kampfläufer tragen heftige Duelle aus

Weibchen des Kampfläufers

sind die im Moor beheimateten „Insektenfresser". Da Sumpfpflanzen großen Mangel an Eiweiß und Stickstoff leiden, verschaffen sich etliche pflanzliche Moorbewohner tierisches Eiweiß, werden zu Fallenstellern und Fleischfressern, fangen Insekten aller Art – von der Fliege bis zur Libelle, von der Mückenlarve bis zum Wasserfloh. Von den insgesamt etwa 450 fleischfressenden Pflanzenarten, die auf der Erde – insbesondere in den Tropen – existieren, ist der Rundblättrige Sonnentau in unseren Breiten der

bekannteste Vertreter. Man muß sich allerdings auf den schwankenden Boden knien, um sein scheinbar grausames Tun beobachten zu können. Tief ins Torfmoos gebettet, steigt aus dem Blätterkranz ein etwa 15 Zentimeter langer Blütenschaft empor, der nur in der prallen Mittagssonne seine kleinen winzigen Sternblüten öffnet. Aber weit mehr als den unscheinbaren

Adonislibellen, von Sonnentau gefangen ▷

Zum Verdauen seiner Beute braucht der Sonnentau oft mehrere Tage

298

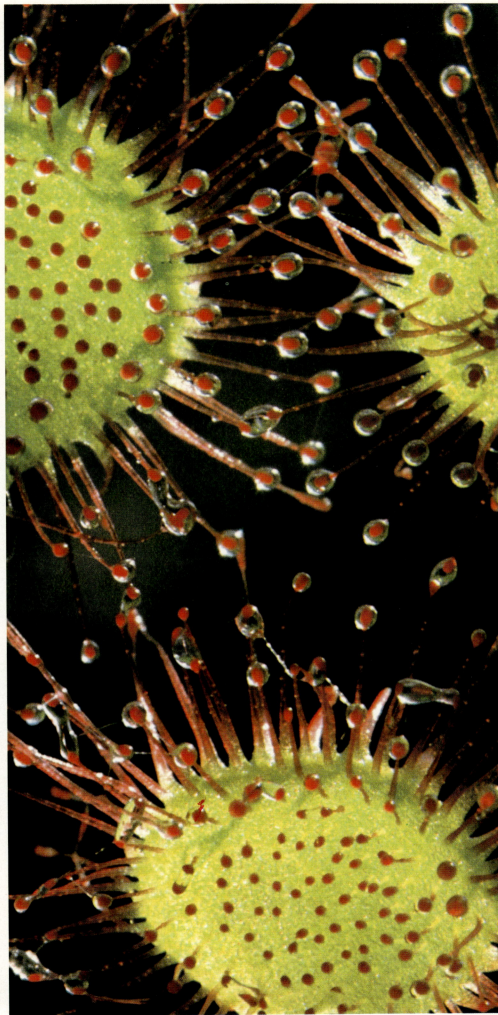

Die Tropfen des Sonnentaus sind äußerst klebrig

Die Rausch- oder Trunkelbeere erinnert an die Heidelbeere

Blüten gilt das Interesse den raffinierten „Mordwerkzeugen", jenen außergewöhnlichen Blättern dieser Pflanze, die auf ihrer Oberfläche und am Rand mit zahlreichen weinroten Drüsenhaaren besetzt sind. Die verjüngten Spitzen dieser Haare tragen knallrote, kölbchenartige Verdickungen. Jedes Kölbchen ist mit einem Tropfen kristallklarer klebriger Flüssigkeit umgeben, so daß jedes Blatt mit einer Krone zahlloser, im Sonnenschein funkelnder Tautropfen geschmückt scheint.

Läßt sich ein Insekt verführen, von dieser verheißungsvoll glitzernden Flüssigkeit zu naschen, gibt es selten ein Entkommen. Dem Opfer auf dem Sonnentau ergeht es ähnlich wie einer Fliege auf dem Fliegenfänger: Je mehr sie sich bewegt, desto fester bleibt sie kleben. Die Drüsenhaare biegen sich der Mitte des Blattes zu und ziehen das Insekt herunter auf den Blattgrund. Die umliegenden Drüsenhaare unterstützen diesen Fangvorgang, bis das Opfer in den Tropfen regelrecht ertränkt ist. Anschließend wölben sich die Blütenränder und nehmen die Gestalt einer hohlen Hand an. Der klebrige Saft zersetzt das Insekt, nach einigen Tagen ist es bis auf kleine Chitinreste völlig verdaut: Eiweißstoffe aus dem Körper des Opfers sind sozusagen Vitamine im Nahrungshaushalt des Sonnentaus. Zwar kann eine fleischfressende Pflanze auch ohne diese Zusatznahrung existieren; Versuche haben jedoch gezeigt, daß sie schneller wächst und kräftigere Blüten treibt, wenn sie in der Lage ist, sich ihre tägliche Fleischration zu ergattern.

Übrigens: Wirft man dem Sonnentau kleine Bröckchen Rind- oder Schweinefleisch auf die Blätter, kann man den Fangmechanismus ebenfalls gut beobachten.

Moos- oder Kranichbeeren, genießbar nach Frost

Wo Bayerischer Wald und Böhmerwald zusammenwachsen

Kapitel 15

Wo die Bäume Bärte tragen

Nationalpark Bayerischer Wald

Der Hintere Bayerische Wald, das größte zusammenhängende Waldgebiet Mitteleuropas, hat sich mit Fichten-, Tannen- und Buchenwäldern eine fast ursprüngliche Vegetation bewahrt. Ein Teil dieser urwüchsigen Landschaft wurde 1970 zum ersten Nationalpark der Bundesrepublik zusammengefaßt. Diese Schutzeinrichtung „soll vornehmlich der Erhaltung und wissenschaftlichen Beobachtung natürlicher und naturnaher Lebensgemeinschaften sowie eines möglichst artenreichen Tier- und Pflanzenbestandes" dienen. Hier, wo der Bayerische Wald und der Böhmerwald zusammenwachsen – getrennt durch die Grenze zwischen der Tschechoslowakei und der Bundesrepublik Deutschland – kann man an einigen Stellen des Nationalparks noch richtigen Urwald erleben.

Auf der Fährte des Luchses

Der römische Geschichtsschreiber Tacitus notierte ein Jahrhundert nach Christi Geburt über die Heimat der Germanen: „Das Land wirkt unheimlich durch seine dunklen Wälder." Er mußte es wissen, waren doch römische Vorposten an der Donau die letzten Stützpunkte der Zivilisation: das Legionslager Castra Regina – das heutige Regensburg – und die schmale Landzunge zwischen Donau, Inn und Ilz, wo die Römer ihre 9. Batavische Kohorte stationiert hatten – hier liegt heute die Grenzstadt Passau. Der Wald nördlich dieser Linie heißt mittlerweile der Bayerische.

Eigentlich müßte der Bayerische Wald, mit einer Fläche von rund 6000 Quadratkilometern und etwa 680 000 Einwohnern das ausgedehnteste und eines der am dünnsten besiedelten Waldgebirge Mitteleuropas, „Böhmerwald" heißen. So jedenfalls haben ihn die Dichter besungen, und so hieß er auch schon im 10. Jahrhundert („silva boemica"), nachdem er seinen ersten Namen, „Nordwald", nach den Zeiten Kaiser Karls des Großen abgelegt hatte. Erst in unserem Jahrhundert hat es sich eingebürgert, daß man unter „Böhmerwald" nur noch das Waldland hinter der tschechischen Grenze versteht. Was diesseits im Freistaat Bayern liegt, heißt nun Bayerischer Wald.

Dort, wo der Bayerische Wald und der Böhmerwald zusammenwachsen – getrennt nur durch die einsame Grenze

Pfeift und trillert vom Baum: Haselhahn

Fliegt und klettert besser als der Eichelhäher: Tannenhäher

Vergreift sich auch an Singvogeleiern: Eichelhäher

zwischen der Tschechoslowakei und der Bundesrepublik Deutschland -, ranken sich viel Phantasie und Volksaberglaube um diese vor allem im Winter ziemlich unwirtliche Gegend. Zwar wird vor den Gespenstern der zwölf Rauhnächte, der Nächte zwischen Weihnachten und dem Dreikönigstag, heute keiner mehr Angst haben, wenn er nachts in den tiefverschneiten Wäldern zwischen Rachel und Lusen, Arber und Falkenstein unterwegs ist; trotzdem wird es ihm lieber sein, wenn er in solcher Nacht in einer gemütlichen Bauernstube sitzen und den alten Gruselgeschichten aus dem Wald zuhören kann. Um den Lusen, behaupten die Einheimischen, ist der Teufel daheim. Er haust dort auf den riesigen Urwaldtannen und wirft mit glühenden Tannenzapfen. Und die großen Gesteinsbrocken auf dem Gipfel hat er fallen lassen, als jemand in der Ferne die Glocken geläutet hat. Heute steht auf dem kahlköpfigen Berg ein Kreuz – trotzdem macht so mancher Waldler einen Bogen um den Lusen…

Das herb-schöne Land zwischen Cham und Freyung, Grafenau und Furth im Wald, kennt kaum einen Frühling. Der Winter endet irgendwann im Mai; dann folgt eine Periode von etwa zwölf Wochen, in denen nicht geheizt werden muß – Sommer genannt. Vor allem in den düsteren Wäldern bei Spiegelau bleibt Altschnee manchmal bis in den Juni hinein liegen – und manchmal fällt Neuschnee schon wieder im Oktober, meterhoch.

Das rauhe Klima aber hat den Massentourismus nicht davon abhalten können, das Land zwischen der Donau und der böhmischen Grenze zu erobern und stürmisch an sein Herz zu drücken. Dabei hat der Bayerische Wald an vielen Orten seine Eigenart weitgehend bewahren können: ein

Wacholderdrossel – der früher vielgejagte Krammetsvogel

wenig herb, ein wenig kühl, ein wenig melancholisch und insgesamt eben schön. Einer der ersten, der das erkannte, war ein Heimatforscher namens Adalbert Müller. Er kam 1846, als man drinnen im Wald gerade mit großer Befriedigung die gelungene Ausrottung des Luchses verkündete. Jener Adalbert Müller, der manchmal mit der Pferdedroschke, meist aber auf Schusters Rappen durch die Gaue reiste, beklagt sich in seinem Buch über den Bayerischen Wald, daß diese Gegend noch immer reichlich ver-

Immer seltener: Rebhühner

Bleibt manchmal auch im Winter hier: Rotkehlchen

Vereinigen sich zu kleinen Trupps: Gimpel

kannt werde: „In den ferner liegenden Gauen des Vaterlandes herrschen mitunter vollends abenteuerliche Vorstellungen von der Beschaffenheit des Böhmerwaldes. Man denkt sich diesen als eine unwirthliche Wildniß, zusammengesetzt aus Fels, Wald und Sumpf, als ein deutsches Sibirien, bewohnt von reißenden Thieren und halbwilden Menschen."

Von „unwirthlicher Wildniß" ist zumindest heute kaum noch etwas zu sehen. Nicht einmal im „Nationalpark Bayerischer Wald", jenen 130 Quadratkilometern an der böhmischen Grenze, die 1970 zum ersten Nationalpark der Bundesrepublik Deutschland erklärt wurden. Das immerhin noch urige, zu fast 99 Prozent bewaldete Gebiet wird von Tannen und Buchen geprägt, nicht zuletzt aber vom Fichtenwald, der – normalerweise Inbegriff des monotonen, labilen Kunstforstes – hier unter den

Saatkrähen im Winter ▷

extremen Klimabedingungen (Schneereichtum, Niederschlagsmengen bis 2000 mm, eisige Winternächte) die natürliche Vegetationsform ist.

Zusammen mit den noch vorhandenen Hochschachten (ehemalige Weideflächen) und den Filzen (Moore) stellt der Wald um Rachel und Lusen ein Eldorado für hochspezialisierte Pflanzen- und Tiergemeinschaften sondergleichen dar. Hier wachsen so seltene Pflanzen wie Bärwurz und Andromedaheide, der Pannonische Enzian, der Siebenstern und die fleischfressenden Sonnentaue. Dem Scheidigen Wollgras begegnet man häufig in Filzen und Hochmooren, ebenso wie dem Läusekraut, dem Faulbaum, der Rauschbeere und einer Reihe von Torfmoosen.

Neben der Bewahrung seltener Pflanzengemeinschaften steht im Mittelpunkt des Interesses natürlich die Tierwelt, wobei sich die Nationalparkverwaltung bedrohlich zurückgehenden und vielerorts schon ausgerotteten Tieren in ganz besonderem Maße annimmt. Das gilt für Waldhühner (Auerhuhn, Haselhuhn!), Greifvögel (Habicht, Sperber) und Eulen (Habichtskauz, Uhu, Sperlingskauz, Rauhfußkauz) ebenso wie für eine Anzahl von Säugetieren wie Fischotter und Luchs.

Lediglich eine politische Grenze trennt den Bayer- vom Böhmerwald, der Wald selbst jedoch ist hier wie dort derselbe: dieselben Wildwässer und Moore, dieselben Pflanzen und Tiere. Im tschechischen Landschaftsreservat Sumava, das vom Ossergebirge bis über den Dreisessel hinab zum Moldau-Stausee reicht, findet man ebenfalls zahlreiche Wildtiere und seltene Pflanzen. Sperlingskäuze brüten im „Fischerfilz", der Uhu ist hier noch verbreitet, und – wenn auch selten genug – der Wanderfalke, der in den meisten Teilen der

Äsender Rehbock

310

Auf der Speisekarte der Luchse: Hasen und Mäuse, Füchse und kranke Rehe

Der Luchs sorgt für einen gesunden Wildbestand

Bundesrepublik bereits ausgestorben ist.

Nirgends freilich läßt sich ursprünglicher Wald in Mitteleuropa schöner studieren als in dem berühmten Waldkomplex des auf tschechischem Territorium liegenden Kubany mit seinem 1362 m hohen Hauptgipfel. Uralte Ahornbäume und wuchtige Buchenstämme liegen hier zwischen den Hochwaldriesen, vom Sturm niedergerissen, von Schneemassen zu Boden gedrückt, überwuchert von dichten Moospolstern, unaufhaltsam vermodernd und wieder ein Keimbett für neues Baumleben bietend. Dazwischen üppige Farne und Bärlappgewächse, hohe Waldgräser, an den Bäumen oft große Baumschwämme. Hier zählen keine Jahre und keine Jahrzehnte. Die ältesten Bäume des Kubany-Urwaldes in der Nähe des böhmischen Städtchens Winterberg schätzt man auf 400–500 Jahre. In etwa 1000 m Höhe fiel vor nicht langer Zeit die stärkste Fichte mit nahezu 60 m Höhe, einem Durchmesser von nicht ganz 2 m und rund 60 Festmetern Holzinhalt Sturm und Alter zum Opfer. Da Wälder nun einmal nicht von heute auf morgen, sondern in Jahrhunderten wachsen, muß auch der Blick im Nationalpark Bayerischer Wald in die Zukunft gehen. Erste, durchaus vielversprechende Schritte sind bereits getan. Am 1. August 1973 trat in Bayern das bei weitem beste Naturschutzgesetz der Bundesrepublik Deutschland in Kraft. Darin heißt es in Artikel 8, Absatz 2, daß „Nationalparke vornehmlich der Erhaltung und wissenschaftlichen Beobachtung natürlicher und naturnaher Lebensgemeinschaften sowie eines möglichst artenreichen Tier- und Pflanzenbestandes" dienen sollten. In dem Gesetz heißt es ferner: „Sie (die Nationalparke) bezwecken keine wirtschaftsbestimmte Nutzung."

Fasanen fliegen schlecht und erheben sich nur im Notfall – im Bild: Fasanenhahn

Die Voraussetzungen waren geschaffen: Weg von Wirtschaftswäldern, hin zu naturnahen Mischwäldern. Weg vom Forst, hin zum tier- und pflanzenreichen Naturwald. Fortan sollte im Bayerischen Wald wieder der Natur die Regie überlassen werden, sollten Baumriesen wachsen und sterben, Eibe und Ahorn wieder Wurzeln schlagen. Ein Nationalpark, in dem die Vorschriften des Bayerischen Naturschutzgesetzes erfüllt werden, könnte weiterwachsen in die Vergangenheit. Im Bergmischwald würden sich

Buche, Tanne und Fichte zusammenleben; an abwechslungsreichen Standorten könnten kranke und gesunde, alte und junge, große und kleine Bäume nebeneinander wachsen. Nur die widerstandsfähigsten würden zu Riesen werden. Einige, die im Winter unter der Last des Schnees zusammenbrechen, blieben liegen und verfaulten – fruchtbares Keimbett für neues Leben.

Aber trotz Naturschutzgesetz, trotz Nationalpark-Status und eines inter-

Frißt auch gerne Obst: Steinmarder

Fasanen suchen in Gras und Gebüsch nach Nahrung – im Bild: Fasanenhenne

nationalen Beschlusses 1969 in Neu-Delhi, wonach jedwede Nutzung in Nationalparks ausdrücklich zu unterbleiben hat, wird nur ein Teil des Nationalparks im Bayerischen Wald wirklich in Ruhe gelassen und von forstlicher Nutzung verschont. Nach wie vor hört man im Nationalpark die Motorsäge, wird im Zuge „waldbaulicher Maßnahmen zur Landschaftspflege" Holz produziert. Unter dem Etikett „Landschaftspflege" hat das staatliche Nationalparkforstamt innerhalb von zehn Jahren mehr als eine

halbe Million Festmeter Holz zu liefern.

Die Mahnungen von Naturschützern, Biologen und zahlreichen Forstleuten, den Nutzen bestimmter Maßnahmen nicht länger nach dem wirtschaftlichen Erfolg, einen Wald nicht länger nach seinem geldlichen Ertrag zu bewerten, wurden jahrelang in den Wind geschlagen. In zähen Verhandlungen mit der Staatsforstverwaltung ist es inzwischen Horst Stern gelungen, daß forstliche Eingriffe künftig nur noch

der Umwandlung von Wirtschaftswald in eine naturnahe Waldform im Sinne der Nationalparkidee dienen.

Immerhin haben die Ökologen die gewichtigeren Argumente auf ihrer Seite; denn Maßnahmen, die dem Naturhaushalt dienen, nützen stets und immer der Allgemeinheit. Umweltschutz ist auch keineswegs unwirtschaftlich. „Denn", so der frühere Bundesnaturschutzbeauftragte Professor Dr. Bernhard Grzimek, „er bewahrt den wertvollsten Besitz der

Herbstlaub im Rauhreif

Menschheit, nämlich ihre natürlichen Hilfsquellen und damit die unersetzbaren Überlebensgüter für unsere Art. Die Frage nach den Grenzen des industriellen Wachstums darf auch nicht gleichgesetzt werden mit Rückschritt und Wohlstandseinbußen. Es wird vielmehr darum gehen, das Wachstum künftig auf umweltfreundlichere, menschlichere Bereiche zu lenken."

Neben den rund 40 Säugetier- und Vogelarten, die bereits in den ersten 80 Jahren unseres fortschrittlichen Jahrhunderts auf der Erde ausgerottet wurden, gibt es eine wesentlich größere Zahl von Tiergattungen, deren Bestände derart zusammengeschrumpft sind, daß auch ihr Schicksal ohne gezielte Schutzmaßnahmen von seiten des Menschen bald besiegelt sein dürfte. Bedauerlicherweise ist es heute häufig noch so, daß Tiere erst dann unter Schutz gestellt werden, wenn sie gar nicht mehr vorkommen. Fischotter und Großtrappe zum Beispiel wurden in vielen Gebieten

Rauhreifkristalle

Von den Eisheiligen überrascht: Schlüsselblumen

Erbsengroß: Früchte der Stechpalme

Mitteleuropas erst dann gesetzlich geschützt, nachdem sie ausgestorben waren. Beim Luchs ist es ähnlich. Menschliches Umdenken scheint eben doch mehr Zeit zu beanspruchen als die Ausrottungsgeschichte ganzer Tierpopulationen.

Der Luchs ist darüber hinaus ein gutes Beispiel für die Hartnäckigkeit, mit der sich Schauermärchen, Legenden und Gerüchte halten. Die Sage von der „blutrünstigen Bestie" Luchs ist offenbar heute noch immer nicht ganz zu den Akten gelegt. Seine Gefährlichkeit wurde und wird zum Teil auch heute noch weit übertrieben. Die etwa 120 Zentimeter lange und ca. 50–60 Pfund schwere Katze mit den Pinselohren ist ein ausgesprochener Pirschjäger, der keineswegs seinen Opfern aus dem Hinterhalt auflauert – und Menschen greift der Luchs sowieso nie an. Er benötigt, wie neuere For-

Balzender Auerhahn ▷
Unsere häufigsten Greifvögel: Mäusebussarde ▷▷

Im Schneegestöber: Mäusebussard

Geschwächt und ermattet: Mäusebussard

Späht nach Beute: Mäusebussard

Stilleben im Winter: Mäusebussard

schungen ergeben haben, relativ wenig Nahrung, die aus Hasen und Mäusen, Vögeln, Füchsen und wildernden Haustieren besteht. Rehe, vor allem schwache und kranke Tiere, sind zwar als Beute ebenfalls häufig, obgleich der Bestand, wie wissenschaftliche Untersuchungen einwandfrei ergeben haben, dadurch nicht beeinträchtigt wird.

Luchse im Bayerischen Wald wieder einzubürgern, stieß gleichwohl bei Jägern und Bauern teilweise auf erbitterten Widerstand. Erst in jüngster Zeit kann man feststellen, daß viele Vorurteile in der Öffentlichkeit ausgeräumt werden konnten und sich neue Erkenntnisse über die große Wildkatze und ihre Rolle im Naturhaushalt durchgesetzt haben, somit seiner Wiedereinbürgerung wohl keine großen Hindernisse mehr im Wege stehen.

Die Heimkehr des lautlosen Jägers kommt nicht nur der Urwüchsigkeit dieses Landstriches entgegen, sondern wird vor allem einem gesunden Hirsch- und Rehwildbestand dienlich sein. Hier, wo in luftfeuchten Waldschluchten, in Mooren und an niederschlagsreichen Berghängen viele Bäume wallende Flechtenbärte tragen, hat sich das Schalenwild in den letzten Jahrzehnten beinahe in katastrophaler Weise vermehrt. Schuld an dieser explosionsartigen Vermehrung ist nach Ansicht von Wildbiologen das fehlende Raubwild. Auf der einen Seite päppeln zahlreiche Jäger ihr Wild mit Hilfe von Kraftfutter und Vitamingaben auf, auf der anderen Seite sind sie jedoch häufig nicht in der Lage, die Tierbestände im Interesse eines ausgeglichenen Naturhaushalts auf ein erträgliches Maß zu reduzieren. Es geht aber gar nicht allein darum, gesunde – die Umwelt nicht belastende oder gar zerstörende – Wildbestände zu erhalten und seltene

Abwehr in Rückenlage: Mäusebussard

Bis zu fünfzehn Mäuse kann ein Mäusebussard verzehren – im Bild: kämpfende Gre

Streit um knappe Nahrung

Tiere, wie zum Beispiel den 10–12 Pfund schweren Auerhahn, vor dem Aussterben zu bewahren. Alle Tier- und Pflanzenarten müssen geschützt oder zumindest erhalten werden, denn sie bilden zusammen ein genetisches Reservoir von unschätzbarem Wert. Darunter ist zu verstehen, daß nur durch eine große Vielfalt von Arten sich neue entwickeln können und daß alle Arten voneinander abhängen, gleichgültig, ob sie uns auf den ersten Blick als nützlich, schädlich oder gar abstoßend erscheinen. Ein Land, dessen Pflanzenfülle auf die wenigen Kulturpflanzen, dessen Tierbestand auf wenige jagdbare Fleisch- und Trophäenlieferanten reduziert wäre, aus denen der Mensch unmittelbaren Nutzen zieht, müßte einem biologischen Armenhaus gleichen.

Wenn man einmal davon absieht, daß es eine Barbarei ist, eine Tierart für immer auszurotten, ließe sich rein rational argumentieren, daß der Mensch auch ohne Luchse und Auerhühner lebensfähig ist. Aber selbst dies ist nur bedingt richtig, wie wir heute genau wissen. Jede Art erfüllt in ihrer Umwelt eine bestimmte Funktion. Wenn sie ausfällt, kann das unmittelbare und mittelbare Folgen haben, die in ihrem gesamten Umfang oft erst nach Jahrzehnten klar erkennbar werden.

In diesem Sinne unterstützen die heutigen wissenschaftlichen Erkenntnisse in vollem Umfang die gefühlsmäßige Abneigung der Naturliebhaber, die sich schon immer gegen die Ausrottung von Arten wandten. Diese Menschen haben mit Unterstützung einiger bekannter Publizisten die ersten Gegenreaktionen eingeleitet und mit Maßnahmen des Naturschutzes auch die ersten Erfolge erzielt, ehe das Wort Ökologie überhaupt zu einem Begriff geworden ist.

Sieht gefährlicher aus, als es in Wirklichkeit ist – raufende Mäusebussarde

Heute ist die Hauptaufgabe des Jägers keineswegs mehr das Jagen von Wild, sondern in erster Linie der Schutz der Tierwelt. Er muß danach trachten, daß sich gefährdete Arten wieder vermehren. Andererseits dürfen überhandnehmende Arten, deren natürliche Feinde fehlen, nicht ihre Umwelt schädigen. Der Jäger geht zwar mit dem Gewehr durch den Wald, aber er muß damit „natürliche Umwelt" spielen. Er hat die jeweiligen lokalen ökologischen Systeme zu erkennen; deshalb sind seine wichtig-

Aggressivität...

...am Luderplatz...

...ist im Winter...

...an der Tagesordnung

sten Waffen die Beobachtungsgabe und der Feldstecher.

Das heißt nun nicht, daß man die Natur nur schützen soll und ihre Reichtümer nicht nutzen dürfe. Sie ist kein Park, in dem das Betreten des Rasens verboten ist. Sie befindet sich in stetiger Entwicklung. Wälder wachsen nach, Pflanzen und Tiere vermehren sich. Es geht darum, die gefährdeten Bereiche zu schützen und das

Flügelspannweite 120 cm: Mäusebussard ▷

Mäusebussarde schreien laut und klagend wie Katzen

zu nutzen, was in ausreichendem Maße reproduziert wird.

Zum Begriff des genetischen Reservoirs gehört aber auch die Tatsache, daß wir heute gar nicht wissen können, welchen Nutzen bestimmte Arten in Zukunft haben werden. Bis vor kurzem vernichtete man Schlangen genauso verbissen wie Wölfe. Aber Schlangengifte haben sich vielfach als wertvolle Grundstoffe für Medikamente erwiesen. Ein übler Schimmel, den jede Hausfrau mit Ekel zu beseitigen sucht, wurde zum Produzenten eines der wichtigsten Heilmittel, des Penicillins. Seine Entdeckung hat eine ganz neue Entwicklung der Pharmazeutik eingeleitet. Das genetische Reservoir oder „genetischer Fonds" ist ein wissenschaftlicher Begriff, der uns zunächst kaum etwas sagt. Aber allein diese wenigen Beispiele – herausgegriffen aus einer Unzahl ähnlich gelagerter Fälle – mögen uns nachdenklich stimmen, daß dieser Fonds der Natur Bedeutung für jeden von uns hat.

Ob es gelingt, die letzten Überlebenden des einstmals häufigen Raubwildes außerhalb von Gattern, Käfigen und Menagerien zu erhalten, hängt von der Einsicht der Menschen ab, daß diese Tiere notwendiger Bestandteil des Naturhaushaltes vor allem dort sind, wo man noch von einer weitgehend unverfälschten Umwelt sprechen kann – und von der Fähigkeit, kleinen Interessengruppen gegenüber die einmal für notwendig erachteten und beschlossenen Schutzmaßnahmen durchzusetzen, auch wenn mal ein Bauer durch Greifvögel ein Huhn verliert oder ein Jäger ein Reh weniger schießt, weil es der Luchs verspeist hat. Unsere Wohlstandsgesellschaft sollte in der Lage sein, in solchen Fällen eine angemessene Entschädigung gemeinsam zu tragen.

Mäusebussard kröpft Beute

Die elfenbeinweißen Juraberge zwischen Bamberg und Bayreuth

Kapitel 16

Unter flüssigen Steinen

Fränkische Schweiz

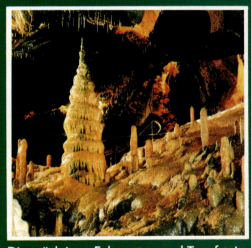

Die mächtigen Felsgrotten und Tropfstein-höhlen machten die Fränkische Schweiz weltberühmt. Die eiszapfenähnlichen oder säulenförmigen Gebilde aus Kalkspat, die von abtropfendem Wasser gebildet wer-den, haben die Menschen zu allen Zeiten fasziniert und in ihren Bann gezogen. Die bizzarre Höhlenlandschaft war von jeher Zufluchtsstätte und Schlupfwinkel. Anhand zahlreicher urgeschichtlicher Funde konnte rekonstruiert werden, daß 67 Höhlen von steinzeitlichen Jägern besiedelt waren. Skelettstücke, die einen Menschenopfer-kult vermuten lassen, wurden in der Esper-höhle westlich von Gößweinstein ent-deckt. Aber nicht nur Menschen hausten in diesen unterirdischen Domen; auch wilde Tiere, die heute längst ausgestorben sind, hatten – wie etwa der Höhlenlöwe – die Tropfsteinhöhlen bewohnt.

Wunder der Unterwelt

So viele Landschaften mit dem Titel „Schweiz" es in Deutschland auch geben mag: verdient hat ihn wohl am ehesten die Fränkische. Denn renommieren können die Leute im Dreieck zwischen Erlangen, Bamberg und Bayreuth mit ihren steilen Jurafelsen allemal. Nicht nur wer Burgen und Schlösser liebt, fährt in dieses Land. Sogar unter der Erde gibt es geheime „Schatzkammern", die schon einen Albrecht Dürer in ihren Bann zogen: Tropfsteinhöhlen und Grotten. Die Teufelshöhle bei Pottenstein, die Binghöhle bei Streitberg, die Rosenmüllerhöhle bei Muggendorf – das sind nur einige der unterirdischen Naturwunder, die schönsten wohl. Wer weiter forschen möchte, findet Ziele wie sie in Hülle und Fülle, um die siebenhundert mögen es sein.

Eine bizarre, märchenhafte Welt tut sich dem Besucher einer Tropfsteinhöhle auf. Ähnlich einem orientalischen Sultanspalast – so fremdartig und verschwenderisch – wirkt das verwirrende Neben- und Übereinander der mannigfaltigen Formen und Farben. Doch nicht in jeder Höhle sind die traumhaften Tropfsteingebilde zu finden. Als wichtigste Voraussetzung für Tropfsteinhöhlen gilt, daß es sich um Regionen handelt, die zu den regenreichen Gebieten der Erde zählen, und in denen Kalkstein in starken Schichten gelagert ist. Das Kohlendioxid aus der atmosphärischen Luft bildet zusammen mit Wasser und Kalkstein das wasserlösliche Kal-

Tropfsteine in Auflösung begriffen

Labyrinth in der König-Otto-Höhle

„Harfe" in der Binghöhle

ziumkarbonat, das in die durch Erd-bewegungen entstandenen Spalten und Risse in den Kalksteinschichten einsickern kann und als Sinter oder Tropfstein im Innern wieder auf-taucht.

Besonders viele Höhlen gibt es inner-halb Deutschlands in der Fränkischen Alb, zu der die Fränkische Schweiz zählt. Aber auch in der benachbarten Oberpfalz liegt eine der schönsten Tropfsteinhöhlen: die Maximilians-grotte bei Krottenau. Das über meh-rere Stockwerke verzweigte Höhlen-system geht vom Eingang aus 70 Me-ter in die Tiefe und zieht sich über eine Länge von 1.200 Meter. Zu den ein-drucksvollsten und größten Tropf-steingebilden Süddeutschlands zählt der sogenannte „Eisberg", der aus drei Gliedern besteht und terrassen-förmig zusammengewachsen ist.

Die Vielfalt der Tropfsteingebilde scheint jedes Maß menschlicher Phan-tasie zu übersteigen. Die Variationen gehen von spaghettiähnlich hängen-den Fäden über baumstammdicke Säulen bis hin zu flächenhaften Skulp-turen, die wie aneinandergereihte Or-gelpfeifen oder in Falten gelegte Vor-hänge aussehen. Voller Bewunderung gaben die Menschen den schönsten Partien der Höhlen Namen wie Ker-zensaal, Galerie, Korallenstraße, Dom oder Thronsaal.

Sie alle sind auf die gleiche Art und Weise entstanden: Ein Teil des flüssi-gen Kalziumbikarbonats tropft auf den Höhlenboden, wodurch es zu einem „Zueinanderwachsen" der obe-ren Stalaktiten und der unteren Stalag-miten kommt. Treffen sich die beiden im Laufe der Jahrtausende, so werden Säulen gebildet, die die Höhlendecke

Adventhalle in der König-Otto-Höhle ▷

Detailansicht der Adventhalle in der König-Otto-Höhle

zu stützen scheinen. Oft weisen diese Säulen – ähnlich wie bei Palmenstämmen – auch gleichmäßige Eindellungen auf. Diese unterschiedliche Wachstumsdicke gibt Aufschluß über Klimaschwankungen, von denen das jeweilige Gebiet betroffen wurde. Und ebenso wie ein abgeschlagener Baumstamm, so weist beispielsweise ein durchgeschnittener Sinter Altersringe auf.

Die dunklen, urzeitlichen Hohlräume im Innern unserer Erde sind nicht tot.

„Adler" in der Sophienhöhle

Tropfstein-Wasserbecken

Sie verbergen zahlreiche Lebensformen: Neben Farnen, Moosen, Algen und Pilzen existieren in den Grotten auch Tiere wie der Springschwanz, die Höhlenassel, die Höhlengarnele oder die Höhlenschnecke. Nicht zu vergessen die Fledermäuse, die, mit dem Kopf nach unten an der Decke hängend, den Gruseleffekt der Höhle mitgeprägt haben. Hinzu kommt, daß

Sinterbildungen in der Teufelshöhle

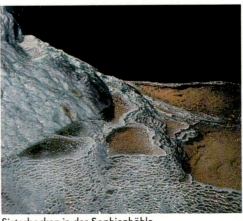

Sinterbecken in der Sophienhöhle

„Orientalische Stadt" in der Sophienhöhle ▷

Sinterröhren in der Sophienhöhle

Wissenschaftler in den unterweltlichen Grotten Skelettreste von Menschen und Tieren – in der Mehrzahl von Höhlenbären – fanden, die dort ihren Winterschlaf hielten oder auf ihren Tod warteten.

Der Höhlenbär war – wie aus Knochenfunden und Höhlenbildern eiszeitlicher Jäger rekonstruiert werden konnte – größer als alle heute lebenden Bären. Viel mehr als die heute lebenden Bären ernährte er sich aber von Pflanzen. Das sieht man den breiten Backenzähnen an, die viel besser Pflanzennahrung zerquetschen und zermahlen konnten als zähes, rohes Fleisch zerkleinern.

Außer Mensch und Höhlenlöwe hatte der eiszeitliche Höhlenbär keine Feinde zu fürchten. In die Höhlen wird er häufig freiwillig eingestiegen sein, um dort vor schlechtem Wetter Schutz zu suchen oder seinen Winterschlaf zu halten. In etlichen Höhlen gibt es Felsen, an denen sich die zottigen Tiere scheuerten; auch findet man bestimmte Plätze, die nur von weiblichen Bären aufgesucht wurden. Sie kamen hierher, um zu gebären. Bisweilen findet man nämlich zwischen den Knochen der erwachsenen Tiere auch die Skelette ganz junger Bären.

Jeder, der einmal in eine Tropfsteinhöhle kommt, mag die Gedanken nachempfinden können, die der Höhlenforscher Martel einst äußerte: „Man muß an dieser erregenden und Begeisterung weckenden Form einer Erkundung teilgenommen haben, ...um zu empfinden, wie es kein Zurück mehr gibt im Rausch, Neues zu entdecken, die Verzückung, die völlige Finsternis, das Unerklärliche und den Frieden um sich zu spüren und gleichzeitig die Sonne, sogar das Himmelsblau und alles das, was die Welt draußen ausmacht, zu vergessen."

Sinterröhren in der Teufelshöhle

341

Paradies für Wasservögel: Inseln vor der Küste Schleswig-Holsteins

Kapitel 17

Land zwischen den Meeren

Schleswig-Holstein

Über die alte römische Heerstraße, wo einst mittelalterliche Landsknechte in plangedeckten Wagen kostbares Salz aus den Lüneburger Siedehütten nach Lübeck transportierten, gelangt der Reisende aus dem Süden in die Heimat von Storch und Reiher, von Kranich und Fischadler. Das Land der Knicks, jene gewachsenen Zäune aus Schlehdorn, Hasel und Hainbuche, die Felder und Wiesen vor dem nie zur Ruhe kommenden Wind des nahen Meeres schützen sollen, ist ein Eldorado für Vogelliebhaber: An Nord- und Ostseeküste, in der Schilfzone seerosengeschmückter Teiche und Seen, in der Wasserwildnis dunkler Auwälder, Moore und Sümpfe, ja selbst auf dem weiten Acker- und Weideland tummeln sich jahraus, jahrein zahlreiche große und kleine Vogelarten.

Wenn die Kraniche ziehen

Ein Kenner des hohen Nordens der Bundesrepublik, begabt mit Ironie und Humor, hat einmal gefragt, ob das Land zwischen den Meeren eher mit einem Schwein oder einem Pfannkuchen zu vergleichen sei. Beide Vergleiche beziehen sich auf die Landschaftsform Schleswig-Holsteins: Wie das Schwein an den Seiten fett und auf dem Rücken mager ist, und beim Pfannkuchen die Ränder das Beste sind, so sind auch hier die Randzonen, also jene zum Meer, zur Nord-und Ostsee, zur Elbe und zum Ratzeburger Land hin liegenden Gebiete, der eindrucksvollste Teil des Landes.

Vor allem dem wandernden Naturfreund wird jedoch bald klar, daß auch das Binnenland alles andere ist als eine von der Eiszeit plattgewalzte Tiefebene. Wer je den melodischen Ruf des buntgefiederten Goldregenpfeifers bei Sonnenaufgang in einer verschwiegenen Flußniederung vernahm, wer in den Herbstmonaten miterlebte, wenn Singschwäne aus den nordischen Tundren zur Rast im Moor einfallen, wenn im mattglänzenden Licht des scheidenden Indianersommers die karmesinroten Samenmäntel der Spindelsträucher an den Waldrändern glühen, wenn das Trompetenkonzert ziehender Kraniche aus einem seidigen Himmel schallt, wird dem Zauber dieses Landes verfallen.

Vieles ist anders in Schleswig-Holstein. Es liegt an der Luft, sagen die Mediziner, an der reinen Seeluft,

Störche am Nest

344

Würmer und Insekten, Schnecken und Frösche, Mäuse und Maulwürfe: Nahrung für

Gemessenen Schrittes: der Schwarzstorch

prickelnd wie Champagner. Und reich an Jod und Ozon. Es liegt am Flair des Nordens, sagen die Dichter. Im Sommer eine Ahnung von Mitternachtssonne, im Winter ein Hauch von Polarlicht. Es liegt am allgegenwärtigen Vogelreichtum, sagen die Naturfreunde. Klappernde Störche auf alten Firsten, trillernde Austernfischer am Strand, flötende Brachvögel in der Heide, singende Schwäne über dem Land.

Für Vogelfreunde ist das ganze Jahr hindurch Hochsaison. Mitten im Hochsommer, wenn badefreudige Urlauber die Strände bevölkern, wenn zahlreiche Seevögel auf ihren Gelegen brüten oder noch nicht flügge Junge füttern, setzt schon der Herbstzug der nordischen Wasservögel ein. Auf ihren Wanderungen in die Winterquartiere, die manche Arten bis nach Südeuropa oder Afrika führen, erscheinen Strandläufer, Wasserläufer, Regenpfeifer und andere Wasservögel an den holsteinischen Küsten; und falls sie nahrungsgünstige Rastplätze finden, bleiben sie dort Wochen oder sogar Monate.

Wie die Vögel Strecken, die mitunter 15.000 Kilometer und mehr betragen, zielgerecht überbrücken, ist auch heute noch eines der großen Geheimnisse. Wissenschaftler haben herausgefunden, daß eine Reihe von Faktoren dabei eine Rolle spielt. Sonne und Sterne, das Magnetfeld der Erde und eine „innere Uhr" sind dabei ebenso wichtig wie eine angeborene Zugrichtung und das Beispiel der Eltern. Bei der einen Art hat dieser Umstand, bei der anderen jener mehr Einfluß. Während in diesen Fragen innerhalb der naturwissenschaftlichen For-

Fliegende Störche ▷

den Weißstorch

Fliegender Graureiher

Frisch geschlüpfte Purpurreiher sehen aus wie reptilienhafte Urweltgeschöpfe

Graureiher-Kolonie

schung vielfach noch endgültige Kenntnisse ausstehen, ist ein alter Streitpunkt mittlerweile geklärt: Nicht das Winterquartier, das Brutgebiet ist die Heimat der Vögel.

In der Erkenntnis, daß Wat- und Wasservögel auf ihrem Zug Ländergrenzen überfliegen und daher als internationale Bestandteile des Naturhaushaltes betrachtet werden sollten, entstand Anfang der siebziger Jahre die sogenannte „Ramsar-Konvention" zum Schutz von „Feuchtgebieten".

Feuchtgebiete sind sozusagen ein neuer Begriff im deutschen Sprachraum. Der Ramsar-Vertrag (Ramsar ist eine iranische Stadt am Kaspischen Meer) definiert sie so: Es sind... „Feuchtwiesen, Moor- und Sumpfgebiete oder Gewässer, die natürlich oder künstlich, dauernd oder zeitweilig, stehend oder fließend, Süß- oder Brack- oder Salzwasser sind, einschließlich solcher Meeresgebiete, die eine Tiefe von sechs Metern bei Niedrigwasser nicht übersteigen". Bisher hatte noch keine Tiergruppe

und kein „ökologischer Lebensraum" das Glück, unter den Schirm einer internationalen Konvention zu kommen. Die Wasservögel und ihre Lebensräume verdanken das besonderen Umständen: Sie sind ungewöhnlich „international" und ziehen in einem globalen Artenaustausch um die Erde. Regenpfeifer kommen aus Grönland und ziehen nach Südeuropa, nordeuropäische Artgenossen wandern bis Südafrika, russische Sanderlinge verbringen den Winter in Portugal oder am Persischen Golf, Knutts

Seltener Gast: der Nachtreiher

(eine Art Strandläufer) treibt es aus Grönland bis in die afrikanische Sahelzone und Uferschnepfen aus Schleswig-Holstein bis nach Angola. Und alle diese Vögel sind irgendwie vom Wasser abhängig. Sie versammeln sich daher zu Zehn- und Hunderttausenden auf dem Zug und fallen massenweise in Marschen, Wiesen und Flachwassergebieten ein, wo sie tauchend, stochernd und gründelnd sich ernähren.

Wenn im beginnenden Frühjahr die

Tage wieder länger werden und die Sonnenstrahlen wärmer, dann kann man in lauen Vorfrühlingsnächten das Rauschen und Raunen ziehender Vogelschwärme vernehmen. Unentwegt ziehen sie nordwärts, bis an die Steilküsten des russischen Eismeeres, manche gar bis Spitzbergen. Denn für viele ist das Vogelland Schleswig-Holstein nur eine Zwischenstation.

Hierzulande selten: der Löffler ▷

Fliegende Kormorane

Noch früher, Ende Mai bis Mitte Juni, sieht man an manchen Tagen – vor allem an Tagen mit Gewitterneigung – die ersten Kiebitze und Brachvögel in westlicher Richtung durchziehen oder an der Küste zur Rast einfallen. Dieser Zwischenzug betrifft in erster Linie solche Tiere, die keinen Bruterfolg hatten, oder noch nicht fortpflanzungsfähige Vorjahrsvögel. Auf ihrem Zug in die Winterquartiere streben sie Zwischenzielen zu, an denen sie meist bis zum Eintritt der kalten Jahreszeit ausharren.

Im Juli setzt der Zug von Kampfläufern und Rotschenkeln ein, im August folgen Grünschenkel und Waldwasserläufer. Jetzt beginnen auch Seeschwalben und einige Möwenarten ihre weite Reise in südlichere Gefilde. Die Vorboten jenes unvergleichlichen Schauspiels, das dann im September stattfindet, sind ferner Falken, Sperber und Hohltauben; Schafstelzen und Wespenbussarde folgen ihnen nach. An stillen, sonnigen Tagen hat man Wespenbussarde in Höhen von 600 bis 800 Metern oft schon zu Hun-

derten langsam vorübergleiten sehen. Skandinavische Fischadler sind dagegen seltener zu beobachten als andere Greifvögel, denn im Gegensatz zu Bussarden und Sperbern fürchtet diese Art große Wasserflächen keineswegs und überquert häufig schon von Südschweden aus die offene Nordsee. Einen besonders prächtigen Anblick bieten die Mäusebussarde: An einem einzigen Tag können mehrere tausend Stück durchziehen.

Noch größere Massen stellen die

Kormoran am Nest

Kormoran-Kolonie

Alpenstrandläufer – auf 100 Alpenstrandläufer kommen nur sechs Sichelstrandläufer, fünf Zwergstrandläufer, drei Knutts und ein Temminckstrandläufer. In ihrer Gesellschaft befinden sich gelegentlich einige Steinwälzer und Sanderlinge.

An nahrungsreichen Stellen sammeln sich Brachvögel, die bis zum Einbruch des Winters bleiben; wie diese bevorzugen auch Pfuhlschnepfen und Regenbrachvögel flache Binnenseen und stille Buchten. Im Laufe des Sep-

tember nehmen auch die Kiebitzregenpfeifer zu, die sich mit Vorliebe auf Stränden und Sandbänken aufhalten. Wenn im Oktober der Sommer dann endlich Abschied genommen hat, bevölkern große Scharen von Kiebitzen und Goldregenpfeifern die Weiden und gepflügten Äcker. Hunderte von Bekassinen kann man aus dem sumpfigen, deckungsreichen Gelände

Abend an der Ostsee ▷

Auch Vögel zeigen sich bei der Brautwerbung von ihrer besten Seite...

...wie es der Tanz der Kraniche offenkundig dokumentiert

Kraniche sind der Höhe nach die größten Vögel Deutschlands

aufscheuchen; man trifft sie bis in den November hinein.

Über die Höhe, in der Zugvögel fliegen, gibt es in Fachkreisen noch immer widersprüchliche Auffassungen. Von Flugzeugen aus wurden verschiedene „größere Vögel" in Höhen zwischen 2000 und 4000 Meter über der Nordsee und dem Ärmelkanal entdeckt. Leider konnte nicht festgestellt werden, um welche Vögel es sich

◁ Kraniche auf dem Rastplatz

Kraniche bevorzugen Moore und Sümpfe . . .

. . . nisten im Röhricht . . .

handelte. Genauere Angaben machten Wissenschaftler, die Zugvögel mit einem kleinen Flak-Entfernungsmesser auf der Vogelinsel Mellum beobachteten. Demnach fliegen Feldlerchen und Goldregenpfeifer nicht höher als 400 Meter, Kiebitze und Nebelkrähen selten höher als 500 Meter, während es Dohlen höchstens auf 700 Meter und Saatkrähen auf 750 Meter brachten. „Im allgemeinen", so faßte Vitus B. Dröscher diese und ähnliche Untersuchungen in seinem Buch „Magie der Sinne im Tierreich"

zusammen, „scheint dies auch die günstigste Höhe zu sein. Aus 700 Meter Höhe haben die Vögel einen Weitblick von 90 Kilometern in der Runde. Auch ist es hier noch nicht so kalt, und die Luft enthält noch reichlich Sauerstoff. Doch sind sibirische Störche, Kraniche und Kampfläufer gezwungen, die Eisriesen des Himalaja zu überwinden. Es wurde einwandfrei beobachtet, daß sie dabei bis auf 6000 Meter steigen mußten und durch einen Paß hindurch zum warmen Indien strebten."

... und rufen mit grellen Trompetentönen

361

Lebenskünstler und einer der kühnsten Pflanzenpioniere: das Edelweiß

Kapitel 18

Kampfzone des Lebens

Bayerische Alpen

Die Berge schaffen für Pflanzen ungewöhnlich harte Lebensbedingungen. Sie stellen das farbenprächtige Heer der Alpenblumen vor Probleme, die auf den ersten Blick kaum lösbar erscheinen: Stürmische Winde, heftige Temperaturschwankungen, strömender Regen oder völlige Trockenheit, karger Fels oder rutschendes Geröll, meterhoher Schnee und beißende Kälte, wenig Sauerstoff und viel ultraviolette Strahlung. Es kann bis zu zehn Jahre dauern, ehe zum Beispiel das Stengellose Leimkraut sich so fest in den ständig zu Tal fließenden Felsschutt eingenistet hat, daß es seine erste Blüte zu treiben vermag. Wenn es schließlich nach etwa 20 Jahren voll entwickelt ist, ist es imstande, aus einem nur 30 Zentimeter messenden Rundpolster mehrere hundert winzige rosige Knospen zu treiben.

Almen-rausch und Edelweiß

Ein starkes Geschlecht, die Pflanzen unserer Berge! Anspruchslos und widerstandsfähig, zäh, ausdauernd – und trotzdem anmutig und schön. So zart der gelbe, knapp 10 cm hohe Alpenmohn erscheint, so kraftvoll ist er mit einer bis 100 cm langen Pfahlwurzel im fließenden Schutt verankert, stemmt sich gegen das strömende Geröll, bringt es mitunter sogar zum Stillstand. Wie ein Bergsteiger mit seinem Seil sichert er sich mit hangaufwärtsziehenden Wurzelfasern ab. Die fadendünnen Nährwurzeln entspringen diesem Wurzelseil und durchspinnen die stets feuchte Feinerde unter dem Schutt.

Der Alpenmohn – zweifellos eine der prächtigsten Erscheinungen unserer Berge – wächst nur in allerdürftigster Umgebung, buchstäblich aus Steinen heraus. Verschüttung und Steinschlag ignoriert diese Pflanze völlig. Durch dicke Geröllschichten treibt sie immer wieder zum Licht, selbst wenn alle ihre oberirdischen Teile zerstört sind. Entscheidend ist allein die Pfahlwurzel, das Herz des Alpenmohns. Sie schickt neue Triebe aus und entwickelt dort, wo diese mit dem Sonnenlicht in Berührung kommen, Blätter und Blüten.

So unbeschreiblich trostlos und öde die Schutthalden – meist oberhalb der Baumgrenze – von weitem aussehen, aus der Nähe offenbaren sie sich häufig als blühende Steingärten. Beinahe unerschöpflich sind die Anpassungen, mit denen es den Pflanzen gelingt, sich in dieser lebensfeindlichen Umwelt zu behaupten. So liegen die sogenannten „Schuttüberkriecher" mit losen, biegsamen Sprossen dem feuchten Rieselschutt auf und überwachsen immer wieder das bewegliche Material. Zu ihnen gehört das Alpen-Leinkraut, dessen in kurzen Trauben stehenden grünblauvioletten Rachenblütchen mit dem apfelsinengelben Gaumen wie Löwenmaulblüten gebaut sind. Die „Schuttwanderer" durchspinnen das Geröll unterirdisch mit ihren winterharten Ausläufern, z. B. die Zwerg-Glockenblume mit hellblauen, fast halbkugeligen Glöckchen

Alpenmohn

über dem schönen Mosaik ihrer herznierenförmigen, gezähnten Blättchen, die dichte Rasen bilden. Die „Schuttstauer" bilden im lockeren Gestein feste Horste, an denen sich die rutschenden Steinchen stauen, so etwa die Alpen-Gemskresse mit ihren weißen Kreuzblütchen an kurzen Trauben, das Blaugras, die Polstersegge, der Gold-Pippau und noch viele andere.

Schuttstauer gibt es auch unter den liliputhaften Holzgewächsen, z. B. die

Silberwurz

Alpen-Gemskresse

Dickenwachstum von 0,093 mm gehabt! Ein Kiefernstämmchen der Ebene erreicht im zweiten oder dritten Jahr schon jene Dicke, zu der das alpine Bäumchen fast ein halbes Jahrhundert braucht.

Vom Bergwald bis hinauf zu den sturmumtosten Gipfeln und Graten haben Pflanzen die Lebensräume des Gebirges erobert. Selbst auf Firnfeldern leben noch winzige, hochspezialisierte Schneealgen. Ihre nach Millionen zählenden winzigen Kügelchen tönen den Schnee oft auf mehrere Quadratmeter rosa und gaben früher als „Blutiger Schnee" zu allerlei Aberglauben Anlaß. Auch der blanke, glatte Fels ist nur scheinbar frei von Leben: Spaltpilze dringen in sein Gestein ein und zerstören durch ihre Lebensvorgänge dessen oberste Schicht, leisten so einen Beitrag zur Verwitterung. Ist der Fels sickerfeucht oder vom Regenwasser überronnen, so bilden Blaualgen dichte Beläge, färben ihn mit sogenannten „Tintenstrichen" tiefschwarz. Flechten bemalen die höchsten Zinnen mit den buntesten Farben, Moose können sich auch schon auf glattem, unbesiedeltem Fels festhalten. Bei anhaltender Dürre rollen sie sich ein, beim nächsten Regen saugen sie sich wieder voll, sind echte Pioniere, die mit ihren dichten Polstern die feinen Sand- und Humusteile aus dem Wind kämmen, deren Rasen das Keimbett für manche Blütenpflanze – vom vergißmeinnichtblauen Himmelsherold bis zum schneeglöckchenweißen Zwergmannsschild – werden.

In keinem anderen Gebirge der Erde ist die Flora üppiger und artenreicher, hat die Natur anmutsvollere Geschöpfe geschaffen als in den Alpen. Das mit knapp 60 Millionen Jahren noch relativ junge Faltengebirge ist keine leblose, nackte Stein- und Eiswüste,

Silberwurz, auf deren dichten Rasen von oberseits dunkelgrünen Blättchen sich die achtblättrigen, reinweißen, ziemlich großen Blütensterne so leuchtend abheben. Dazu gehört ferner die Alpen-Bärentraube, ein teppichbildender „Spalierstrauch", dem niemand ansieht, daß er doch eigentlich ein Baum ist. Die Alpen-Bärentraube, ein typisch arktisch-alpiner Zwergstrauch, wird erstaunlich alt – bei langsamstem Wachstum. Ein Stämmchen der Tiroler Alpen hatte bei 45 Jahresringen nur ein jährliches

Auf graugrünen Polstern blüht der Sparrige Steinbrech

Steigt bis zur Schneegrenze: Klebrige Felsprimel

Einblütiges Hornkraut

Behaarte Alpenrose

Hornklee

Primelgewächs

Schneerosen

keine trostlose Mondlandschaft, sondern prall gefüllt mit zähem Leben.

Wie an unsichtbare Eisen gekettet trotzen die Alpenblumen tosenden Gewitterstürmen, krallen sich mit feinverzweigtem Wurzelgespinst am nackten Fels wie mit Saugnäpfen fest, filtern aus totem Gestein winzige „Vitamin"-Mengen salzreicher Nährstofflösung. Gleich Schneidbrennern schmelzen hauchzarte Blütenknospen tiefe Trichter in eisige Schneekristalle. Die Energie dazu zapfen sie aus dem kalten Licht der ultravioletten Strahlen – atomare Kernkraft aus dem Sonneninnern –, die gleichzeitig bewirken, daß die Farben der Bergblumen intensiver und satter leuchten als noch so prächtige Blütenwunder aus dem Flachland.

Noch wichtiger als Schneefräße und Leuchtkraftverstärker aber ist das ultraviolette Licht als Wachstumsregler: Hochkonzentriertes UV-Licht, wie es im Hochgebirge üblich ist, erzeugt Zwergwuchs; der Lebensmotor der Pflanzen wird dadurch so weit gedrosselt, so daß sie nicht Gefahr laufen, infolge zu hohen Wuchses entwurzelt, geknickt und zerzaust zu werden. In jener Zone, in der Polsterpflanzen und Flechtenteppiche auf sturmgepeitschtem Gestein bis zum Saum der Gletscher und des ewigen Schnees emporklimmen, ist eine liliputhafte Gestalt überlebenswichtig. Das watteweiche Pelzkostüm des Edelweißes würde nutzlos sein für den kleinen Pflanzenkörper, würde das Triebwerk durch den Einfluß der energiereichen Sonnenstrahlen nicht auf Sparflamme geschaltet und das Wachstum dadurch stark gebremst.

Wenn auch die Durchschnittstemperaturen, welche die Bergpflanzen aushalten müssen, keineswegs extrem tief sind, so müssen sie manchmal

Speichert in ihren fleischigen Blättern viel Wasser und kann große Trockenheit ertrag

Gletscher-Petersbart

Schwefelanemone

Kohlröschen

Alpenaurikel

Petersbart (Fruchtperücke)

doch „Kältespitzen" aushalten, und auch dafür sind sie gut gerüstet. Mit der Zuckerspeicherung in den Blättern wird der Gefrierpunkt herabgesetzt; außerdem wirkt der Gehalt an roten Farbstoffen (Anthoziane) in gleicher Richtung, wobei die rote Farbe die meisten auftreffenden Wellen in Wärme umwandelt. Aber den Hauptanteil hat wahrscheinlich die durch unzählige Härchen gebildete Luftglocke um die Pflanze – anschaulich belegt durch das Zottige Habichtskraut –, wodurch gleichzeitig die Verdunstung eingeschränkt wird.

Die Blätter zahlreicher Alpenpflanzen zeigen aber noch eine andere, äußerst sinnvolle Anpassung. Viele sind dick und mit einer Wachsschicht überzogen – wie etwa die der Alpenrose –, um der hohen Verdunstungsrate entgegenzuwirken. Das Laub des Alpenrosenstrauches schmeckt übrigens auffallend sauer. Das ist der Grund, warum manche Bergsteiger diese Blätter zur Erfrischung kauen. Allerdings ist das ebensowenig empfehlenswert wie das Kauen von Sauerampfer oder Sauerklee. Alpenrosenblätter enthalten neben anderen Giftstoffen ein Narkotikum, das unangenehme Betäubungszustände hervorrufen kann. Je nach gekauter Blattmenge reicht die Wirkung bis zum rauschartigen Delirium nach übermäßigem Alkoholgenuß. Beschreibungen der Wirkung erinnern auch an Mescalin-, Fliegenpilz- oder Arsenvergiftungen. Schilderungen, wonach Müdigkeit verfliegt und sich euphorische Gefühle gepaart mit farbigen Visionen einstellen, haben offensichtlich zu der volkstümlichen Bezeichnung Almrausch geführt.

Andere Blumen, wie das berühmte Edelweiß der Alpen, sind mit einem dichten Haarflaum bedeckt, der nicht nur die Wärme hält, sondern auch die

Kreuz-Enzian

Wildes Männle

Schneeheide

abkühlende Wirkung des Windes mindert. Am interessantesten ist der Flaum auf den Knospen der Schneeweide, die den vertrauten „Palmkätzchen" gleichen. Dieser Flaum ist weiß, und auf den ersten Blick könnte es scheinen, als tauge er nicht recht zum Speichern von Wärme. Untersucht man ihn jedoch genauer, entdeckt man, daß die Härchen auf einem schwarzen Untergrund stehen. Licht und Wärme, die durch die durchsichtige Oberfläche des einzelnen Haares dringen, werden von der schwarzen

Frühlingsenzian

Purpurenzian

Alpen-Leinkraut

Kleine Kuppelblume

Blüte des Frühlingsenzian

Knospenoberfläche aufgesaugt und von ihr festgehalten. Die Haare wirken dabei wie ein winziges Treibhaus und werfen wie dessen reflektierendes Glasdach die gesamte Wärme wieder ins Innere zurück.

Ein schneearmer, aber kalter Winter läßt viele Alpenpflanzen erfrieren, hingegen herrscht nach einem besonders schneereichen Winter üppige

Weißer Germer ▷

Alpen-Grasnelke

Zwerg-Alpenrose

Gegenblättriger Steinbrech

Rauher Enzian

378

Großköpfige Teufelskralle

Blütenfülle in den Bergen. Verursacht wird dieser überraschende Effekt durch die Isolierfunktion einer dicken Schneedecke. Während nämlich die Temperatur an der Oberfläche des Schnees bis auf 40 Grad unter Null sinken kann, fällt das Thermometer am Grunde einer dicken Schneeschicht nur wenig unter den Gefrierpunkt. Überdies bleibt sie dort konstant und ist nicht so heftigen Schwankungen wie an der Oberfläche unterworfen. Bei Probebohrungen in einer 3,66 Meter tiefen Schneedecke fanden Biologen im Juni einen winzigen, wunderschönen Gletscher-Hahnenfuß, der gerade dabei war, seine zarten Knospen zu öffnen. Wie solche scheinbar schwachen Pflanzen in einer derartigen Umwelt leben können, ist wiederum eines der Wunder des Lebens auf den Bergen. Zunächst sei einmal festgestellt, daß der Gletscher-Hahnenfuß wie andere Bergblumen langsam und kümmerlich wächst. Obwohl auch er letztlich Sonnenlicht braucht, damit er die Stärke erzeugen kann, auf die er angewiesen ist, wenn

Der Stengellose Enzian besteht fast nur aus der großen, tief azurblauen Blütenglocke

er wächst, benötigt er diese Stoffe doch nicht sogleich. Taut daher die Schneedecke, unter der sein Leben beginnt, in irgendeinem Jahr nicht ab, dann verfügt er immerhin noch über die geringen, aber unentbehrlichen Reserven, die ihn bis zum nächsten Jahr ausharren lassen.

Trotz aller Anpassung an die Bedingungen der Bergwelt passiert es immer wieder, daß die Zeit zur Bildung von Früchten einfach nicht ausreicht. In solchen Fällen wird die Pflanze auf die sogenannte vegetative Vermehrung durch Teilung, Triebe oder Ausläufer wie etwa bei der Berg-Hauswurz zurückgreifen oder ganz auf Vermehrung verzichten müssen.

Die in Jahrtausenden erfolgte Spezialisierung auf die Umweltbedingungen großer Höhen haben den Bergpflanzen das Überleben ermöglicht, ihnen auf der anderen Seite dagegen auch Empfindlichkeiten eingehandelt, die sich stärker äußern als bei vielen Wildpflanzen der Ebene. So ziehen Bergpflanzen sich überall dort zurück, wo die Bedingungen rasch verändert werden. Andere Temperaturen, andere Luft, Chemikalien überstehen sie nicht. Wo der Mensch sich ausbreitet, weichen und sterben sie – still und leise.

Doch die Berge leben vor allem durch die Blumen, und mit den Blumen blühen sie zur Freude aller, die hier, in der Einsamkeit und Stille, Ruhe und Erholung vom grauen Alltag suchen. Die heimliche Liebe vieler Menschen zu den Bergen entspringt häufig jener Faszination, die den wilden Blumen zwischen Schnee und Fels innewohnt. Die Liebe zu den Blumen zeigt sich jedoch nicht im gedankenlosen Abrupfen, im Besitzenwollen, sondern im Erhalten der Arten, im resoluten Eintreten für ihren Schutz.

Feuerlilie

Register

(Die Zahlen beziehen sich auf die Seiten der Abbildungen)

Verzeichnis der Naturfotografen

(Die Zahlen beziehen sich auf die Seiten)

Literaturnachweis

(Das folgende Verzeichnis bringt lediglich eine Auswahl der benutzten bzw. zitierten Literatur. Von der Aufzählung schwer erreichbarer bzw. fachwissenschaftlicher Arbeiten wurde im allgemeinen abgesehen.)

Aichele/Schwegler: „Wald und Forst", Franckh'sche Verlagshandlung, Stuttgart, 1974

Bärtels/Fuchs: „Unser Wald", Bertelsmann-Lexikon-Verlag, Gütersloh-Berlin, 1976
Blüchel, Kurt: „Der deutsche Wald", Meyster Verlag, München-Wien, 1978; „Alpenblumen",Falken Verlag, Niedernhausen/Ts., 1977; „Der Untergang der Tiere", Deutsche Verlagsanstalt, Stuttgart, 1976
Bruns/Weiland: „Zauber der Pferde", Albert Müller Verlag, Rüschlikon-Zürich, 1976

Danesch, Othmar u. Edeltraud: „Orchideen Europas – Südeuropa", Hallwag-Verlag, Bern-Stuttgart, 1969
Dorst, Jean: „Die Vögel in ihrem Lebensraum", Editions Rencontre, Lausanne, 1972
Dröscher, Vitus B.: „Magie der Sinne im Tierreich", List Verlag, München, 1966; „Klug wie die Schlangen", Stalling Verlag, Oldenburg-Hamburg, 1965

Emmel, Thomas C.: „Wunderbare und geheimnisvolle Welt der Schmetterlinge", Bertelsmann-Lexikon-Verlag, Gütersloh und Berlin, 1976
Engel, Fritz-Martin: „Das große Buch vom Wald", Südwest Verlag, München, 1973

Farb, Peter: „Die Ökologie", Time-Life International, 1965
Fischer/Woltereck: „Pirsch ohne Büchse", Heering-Verlag, Seebruck am Chiemsee, 1960
v. Frisch, Karl: „Tiere als Baumeister", Verlag Ullstein, Frankfurt/M.-Berlin-Wien, 1974

Gohl, Heinrich: „Lebende Wälder", Albert Müller Verlag, Rüschlikon-Zürich, 1973
Gruber, Walter: „Der Schwarzwald in Farbe", Franckh'sche Verlagshandlung, Stuttgart 1977
Grzimek, Bernhard (Hrsg.): „Grzimeks Tierleben", 13 Bd., Kindler Verlag, Zürich, 1973

Höhne, Ernst: „Pflanzen unserer Berge", Carl Gerber Verlag, München, 1975
Huxley, Anthony: „Das phantastische Leben der Pflanzen", Hoffmann und Campe, Verlag, Hamburg, 1977

Illies, Joachim: „Adams Handwerk", Furche-Verlag, Hamburg, 1967

Johnson, Hugh: „Das große Buch der Bäume", Hallwag-Verlag, Bern-Stuttgart, 1975

Koenig, Otto: „Rendezvous mit Tier und Mensch", Verlag Fritz Molden, Wien-München-Zürich. 1974
Köhler, Helmut A.: „Bayerischer Alpenpark im Berchtesgadener Land", Pannonia-Verlag, Freilassing, 1975
Kohlhaupt, Paula: „Alpenblumen", Chr. Belser Verlag, Stuttgart, 1967

Lampe, Hans-Peter: „Wildpferde in Westfalen", Hoof Verlag, Recklinghausen, 1977

Medenbach/Wilk: „Zauberwelt der Mineralien", Sigloch Edition, Künzelsau, 1977
Milne, Lorus J. u. Margery: „Stationen des Lebens", Gustav Lübbe Verlag, Bergisch-Gladbach, 1969; „Die Berge", Time-Life International, 1968

Nachtigall, Werner: „Phantasie der Schöpfung", Hoffmann und Campe Verlag, Hamburg, 1974

Peterson, Roger Tory: „Die Vögel", Time-Life International, 1965

Sanders/Wiesen/Krieger: „Naturparks in Deutschland", Mairs Geographischer Verlag, Stuttgart
Sauer, Frieder: „Die Eifel in Farbe", Franckh'sche Verlagshandlung, Stuttgart, 1975
Sielmann, Heinz (Hrsg.): „Knaurs Tierreich im Gebirge", Droemersche Verlagsanstalt, München-Zürich, 1979
Smolik, Hans-Wilhelm: „Wandern mit offenen Augen", C. Bertelsmann, Gütersloh, 1957; „rororo Tier-lexikon", 5. Bd., Rowohlt Taschenbuch Verlag, Reinbek, 1968
Stern/Thielcke/Vester/Schreiber: „Rettet die Vögel ... wir brauchen sie", F. A. Herbig Verlagsbuchhandlung, München-Berlin, 1978

Tinbergen, Niko: „Tiere und ihr Verhalten", Time-Life International, 1966

v. Treuenfels, C. A.: „Solange sie noch leben"; Verlag Karl Thiemig, München, 1973

Wendelberger, Elfrune: „Alpenblumen", BLV Verlagsgesellschaft, München, 1976
Wilmanns/Wimmenauer/Fuchs: „Der Kaiserstuhl", hrsgeg. von der Landesanstalt für Umweltschutz Baden-Württemberg, Karlsruhe, 1977

Zänkert, A. und L.: „Lebensstätten zwischen Strand und Alpen"; Franckh'sche Verlagshandlung, Stuttgart, 1954

Zeeb, Klaus: „Wildpferde in Dülmen", Hallwag-Verlag, Bern-Stuttgart, 1974